美国生活经济学

[加] 陈思进◎著

中国出版集团 现代出版社

版权登记号：01-2020-0562

图书在版编目（CIP）数据

美国生活经济学 /［加］陈思进著 . — 北京 ：现代出版社，2020.3
ISBN 978-7-5143-8331-7

Ⅰ. ①美… Ⅱ. ①陈… Ⅲ. ①经济学－通俗读物 Ⅳ. ①F0-49

中国版本图书馆 CIP 数据核字（2019）第 282591 号

美国生活经济学

作　　者：［加］陈思进
责任编辑：张　霆　谢　惠
出版发行：现代出版社
通信地址：北京市安定门外安华里 504 号
邮政编码：100011
电　　话：010-64267325　64245264（传真）
网　　址：www.1980xd.com
电子邮箱：xiandai@vip.sina.com
印　　刷：三河市宏盛印务有限公司

开　　本：710mm×1000mm　1/16
印　　张：19　　字　　数：202 千
版　　次：2020 年 3 月第 1 版　　印　　次：2020 年 3 月第 1 次印刷
书　　号：ISBN 978-7-5143-8331-7
定　　价：52.00 元

序：从“美国梦”到“世界梦”
——留美30年漫谈

作为一名出国留学并在北美（主要是美国、加拿大）工作、生活约30年的海外华人，想借此机会跟大家谈谈改革开放以来海外华人留学生的境遇变迁。

1978年底，中国重新开启了海外留学的大门，光阴荏苒，一晃40年过去了。据中华人民共和国中央人民政府网站的最新统计数据显示，从1978年底到2017年底，各类出国留学人员总数达519.49万人，留学归国人员总数达313万人。以2017年为例，中国出国留学人员目的地仍相对集中，多数都选择前往欧美发达国家和地区求学。

中国2017年继续保持了以公派留学为引领、自费留学为主体的格局。国家公派出国留学全年派出3.12万人，分赴94个国家。其中，访问学者1.28万人，占派出总数的41.17%；硕博研究生1.32万人，占42.29%。单位公派留学瞄准行业需求，派出人数较上一年度翻番，达到3.59万人，增幅为119.71%。在2017年出国留学人员中，自费留学共54.13万人，占出国留学总人数的88.97%。

中国已成为全世界最大的留学生派出国，海归人数占总数的61%，已然成就卓著，特别是在诸多科技领域中。目前，在中国1700所大学中，留学归国人员担任校长的比比皆是；留学归国人员创办企业，从事高新产品的设计和制造，在高新产业领域起到了领头羊的作用，而广东、上海的留学生创业园更成为世人注目的焦点。

改革开放后第一批留美公派生

1978年12月26日，我的朋友大平和其他49人一起登上了去美国华盛顿的飞机。那天，除了他们的亲友以外，中国国家媒体新华社、《人民日报》《光明日报》等都派记者为他们送行，因为这是改革开放后中国派出的第一批留美访问学者。从此，中国留学生奔赴全世界的序幕正式拉开！

这50位访问学者下飞机后，首先来到华盛顿中国驻美国大使馆，在使馆人员的帮助下才给美国大学提出了入学申请。当时，他们还不清楚怎么跟美国大学联系，甚至连对方回复的信件都看不太明白。

大平在国内是生化所的，来美国前都还没有确定选攻哪门学科，他查了大量的资料之后，最后选择了分子神经生物学。当时，这个领域中美间的水平简直有天壤之别，将来学成回国一定大有作为。果不其然，如今他已是中国这门学科的权威，在他的带领下，中国在这个领域里大大缩短了与美国的差距。

早期的留学生基本上都是公派，这是一种不充分竞争下“无奈”

的精英留学。他们原本就是各个单位的“培养对象”，公派出国不愁学费，更不担心生计，只要好好地“保质保量”把书念完拿到学位，回国后往往都能“更上一层楼”，不出意外多半都已成为各行各业的栋梁。这些年来，公派留学生的状态变化不大，在这儿就不另赘述了。

自费留学初起

自费留学，兴起于20世纪80年代中期。到了20世纪90年代后期，自费生的比例超过了公派生。不同时期的自费生各具不同的生活状态，这里我就着重聊聊前来美国的自费留学生的变化吧。

30多年前的自费留学，起初必须有近亲、至亲（甚至嫡亲）的海外担保才能申请护照。最早的自费留学生几乎都是“真”担保，也就是真由担保人负担学费、生活费——大多因为国内被担保的亲戚在“文革”时由于“海外关系”吃了苦头——这种担保或多或少带点补偿性质。

我的朋友南茜，就是靠舅舅的“真”担保来美国的。她舅舅感谢她母亲变卖了唯一值钱的首饰换了他去台湾的船票，日后才有机会辗转到美国。中美关系恢复后，她舅舅回国探亲，国内就只剩她一家亲人了。南茜家最艰难的日子早就过去，不缺吃也不缺穿，于是她舅舅带着她去公安局申请了护照，同时让纽约的语言学校寄来录取通知书I–20，再带着她去美领馆签证，前后不到一个月就办完了。南茜到纽约后先修了两个学期英语，托福考到520分，随即转入纽约市立大学读会计，4年后拿到学位。其间，南茜吃住全在舅舅的家里，而且她舅舅还负担了南茜的学费。放假时，南茜去舅舅开的餐馆打工赚些零花钱。1985年，美国经济正兴旺，南茜还没毕业就到一家会计师事务所实习，毕业后转为正式员工，办身份就顺风顺水了，一年不到便拿到了绿卡。随后，在美国安定下来，然后结婚生子，实现了“美国梦”，过着所谓“五子登科”的日子。南茜是最早期自费留美学生的典型。

对于没有直接海外关系的普通百姓来说，他们自由出国留学则始于1985年，这标志着留学大戏的真正开场！

早期自费留学生的特点

早期的自费留学生绝大多数是“苦出身”，因为他们的经济担保几乎都只是“假”担保——名义上的担保，除了运气好拿到学校的全额奖学金（学费+生活费）外，绝大多数人都只能依靠勤工俭学来维持学业和生活。那时，每个国内来的留学生刚到美国时，都会得到“前辈”们的“谆谆教导”——“在美国，三样东西是绝对不能借的：金钱、车子和老婆”。

《北京人在纽约》里的主人公王启明，他下了飞机还没开始品味美国，便一头扎进纽约的餐馆洗碗，这是当年关于自费留学生最经典的镜头。

20世纪90年代，一提起留学生，国内的人总会下意识地联想起《北京人在纽约》。其实，王启明的经历只与初期的自费留学生有点相似，实质却有很大的不同，而最大的不同点是身份。

作为新移民，来美国没有读书的必要，而且在美国糊口很容易，随便找份工作，即使每月挣五六百美元，吃住也够了，像王启明那样在餐馆洗碗的，至少一个月能赚800美元。留学生则不同，我们手持F-1留学签证，为保持学生身份就必须全日制读书。

那时，留学生没有一个是大款，更得不上父母和亲友的资助。对于绝大多数没有奖学金的学生来说，他们必须打工挣学费，而且学费还比当地人至少多付一倍以上，起码是基本生活费的三四倍，甚至更多！

按照美国法律，留学生在校内打工每周不能超过20小时。对于留学生来说，校内打工的收入只解决了吃饭的问题，挣学费就必须到校外打黑工，也就意味着超低的所得、超长的工时，所以一个人同时打两三份工稀松平常，不足为奇。这种“全工全读”的艰辛和压力，远非王启明们可比。与留学生相比，王启明所吃的那点儿苦，简直是“A piece of cake”（小菜一碟）。那时，就是自费出来的高干子弟也不例外，最耳熟能详、津津乐道的是一位高干的女儿，她曾在纽约长岛的犹太富翁家打工，说得好听是做管家，其实就是保姆……

1992年放暑假，我找了三份兼职散工，中午和晚上送外卖，下午在一家华人的东北菜馆做派单，就是把餐馆的外卖菜单挨家挨户塞进住户的门缝里，虽然这种活儿倒是不累，但收入太低——3个小时只有10美元。

东北菜馆有一个中年人麦克，中国东北来的，老实忠厚。他已经出国四五年，先拿奖学金读文科，毕业后找不到工作，于是转到电子工程。可是转了专业读到一半，又觉得电子工程学生太多，工作前景也不佳，于是再调头专攻电脑。

麦克在餐馆的“级别”比我高，是端盘子的侍者，除了拿底薪外还有小费。餐馆老板是台湾来的东北人，曾经去中国大陆做过生意，极力希望麦克毕业后留任餐馆当经理，总管跑堂伙计，并打包票为他办绿卡。

头一年，老板让麦克睡在餐馆地下室的简易房间。一天半夜，麦克从梦中惊醒，听见餐馆内有人讲西班牙语，还有搬东西的声响，这不是被“江洋大盗”光顾了吗？他吓出一身冷汗，哆嗦着摸到床旁的电话，躲进被窝给老板汇报了“敌情”。老板让他千万不要“轻举妄动”，随即拨打了911报警电话。警察在10分钟后赶到了餐馆，将盗贼一网打尽。没想到，平时刻薄员工、骂声朗朗的餐馆老板，关键时刻挺有人情味儿的。当然，麦克的表现也可圈可点，尤其是他的鼻子那晚非常“争气”，竟然没有打呼噜。

那起事件发生之后，餐馆立刻安装警报系统，老板留下持有执照的手枪给麦克壮胆，但还是觉着不妥，最后给麦克另外安排了住房。毕业后，麦克在餐馆边打工边找白领工作，一年后在华尔街找到了一份正式工作。后来才知道，麦克的父亲曾是东北一个省城的书记、省委常务委员！

在20世纪八九十年代，初到美国的自费留学生和公派留学生的相似之处是他们大多是国内名校的毕业生，过五关斩六将考托福（TOEFL，美国教育测验服务社ETS举办的英语能力考试）、考

GRE（Graduate Record Examination，美国研究生入学考试），全是精英留学生。他们的不同点是公派留学生是各个单位的培养对象，出国镀金后便要打道回府，而自费留学生则千方百计想留下来扎根。

其实，那时绝大多数自费留学生出来的目的就是移民，留学则是出来的手段。留学生一般要读了硕士学位，才能找到体面的工作，才有可能办绿卡定居美国。那时，留学生很少会有回国的念头，即便想回国，也会等拿到“绿卡”或者转成美国公民再回去，好像不“解决身份”便“无颜见江东父老”似的。

自费留学生的个人身份问题

那时，中国有一个政策——“大学生工作5年后才能申请出国”，外加考托福、考GRE、找担保、联系学校，很多人出来时已过而立之年。其中，单身的留学生往往要等拿了学位、找到工作、办好身份再结婚生子，好些留学生过了40岁甚至过了50岁才有孩子。我有一个朋友长得有点儿老相，一次他带女儿去公园，一个美国人过来打招呼：“你的孙女真可爱！”还有些朋友一拖再拖，至今没生孩子，挑剔些的甚至还是孑然一身。

结婚后出来的留学生，有些配偶因为有移民倾向（的确有移民倾向），移民官不批陪读签证，使不少夫妻相隔五六年才能团聚，而更有甚者还没等到团聚就已经离婚了。出国前就有孩子的留学生，不得已将两三岁的孩子留给父母带，出来时孩子还小，等到团聚时孩子都不认识父母亲是谁了。

最难拿到美国身份的，是1990—1996年进入美国的那批留学生。众所周知，老布什总统在1993年底给中国留学生发放了特别绿卡，一下子解决了1990年4月11日之前进入美国的10万名留学生的身份问题，但也因此把中国后五年的移民配额提前用光，使原本拿到学位找到工作后最多两年便能拿到的绿卡往后延续了四五年，或者根本就办不下来。

我是1990年9月20日出国留学的，飞行了十几个小时后，兴奋地踏上了美国的土地。第二天，一位朋友带我走进了一家超市，印象最深的是物资丰富，奶酪各式各样竟有几十种，接近一半的水果我叫不上名字。我非常震撼！

我是朋友中最后一个出来的，出国前对未来的艰辛生活做了充分的思想准备，对“全工全读”的生活并不意外，已经能够坦然面对。我选课时尽量把三门课放在一个时间段，以方便安排打工。那时，纽约经济不景气，非法移民又多，他们几乎不懂英文，便包揽了餐馆的洗碗工作，而做waiter（服务员）小费高，又被老板的亲友承包了。于是，我只能寻找需要懂英文又有“生命危险”的兼职——送外卖，因为身上有现金，容易被不肖之徒盯上，便有了丧命的危险。

有一天，纽约下了一整天的鹅毛大雪，晚上因积雪太深没有办法骑车送外卖，于是我只能一脚深一脚浅地步行着一单一单往外送。下工后，我走到家门口时发现掉了20美元，而那可是我忍受风雪两个小时的辛苦所得！我不甘心，便顺着来路折回去，想寻找丢失的钱。结果，我来回寻找了一个小时，回到家时已是半夜12点。当我垂头丧气到家时，太太小玲哭丧着脸等在家门口。因为我们居住的小区毒贩出没频繁，她以为我出事了，要是再过10分钟我不回家，她就要打911报警了。

为了留在美国，我又读书又同时打两三份工，前后转过两个专业，在不到4年的时间内拼下了电脑硕士学位。没想到，毕业也就意味着失业，美国经济依然不景气，找工作艰难，办身份更难。

1994年6月2日，我终于毕业了，几经反复周折好不容易闯入华尔街，找到了肯担保办身份的公司。原以为就此一马平川，但就在要拿到“劳工卡”之际，不幸因为公司兼并而下岗。我再找一份工作很容易，可工作签证有效期只剩不到3年，办绿卡的时间已经不够了，而且“一朝被蛇咬，十年怕井绳”，再也不想为保持H–1B（工作签证）而整天提心吊胆。

俗话说，东方不亮西方亮。1995年，美国隔壁的加拿大向中国大陆出生者打开了直接移民的大门，我的许多同学、朋友移民过去后都说挺不错的，不仅生活方式与美国相似，而且还有更胜一筹之处。于是，1998年我移民加拿大多伦多，3年后成了加拿大公民。随后，又借助北美贸易协定返回纽约华尔街，却在“9·11”事件中与死神打了个照面儿。其实，像我这样来回折腾闯荡北美的中国留学生还真不少，我算是个典型吧。

我留意到，国内的新闻媒体对于留学生大部分着眼于两个极端：要么是特别优秀的奇才，要么是穷困潦倒混不下去的惨例。做新闻的都知道，“狗咬人不是新闻，人咬狗才是新闻”，所以像专家洗碗、教授当保姆这种个例很有轰动性，可以吸引好奇的读者。事实上，成千上万留学生的生活充满了哀愁喜乐，对我们这些早期的留学生来说，北美“既不是天堂，也不是地狱”。

中国的巨大变化引起自费留学生的选择变化

在“新经济”泡沫爆破、全球经济普遍萎缩的情况下，中国“风景这边独好”，经济几经考验蒸蒸日上，一直保持着两位数的高增长率。20世纪90年代初中期，在史无前例的经济起飞大发展后，中国加入WTO（世界贸易组织）同国际接轨，民生大幅改善，国力迅速增强，进入了历史上最好的发展时期，所谓的“中国梦”就此诞生了，“海归热”也逐渐升温。在这种情况下，出国留学的“机会成本”显然越来越高。像我们这些从零开始历尽坎坷奋斗了几十年的老留学生，与没有出国的同学、朋友相比较，生活水平并没有什么明显的高低，只是各有千秋而已。如果出国留学仅仅为了追求房子、车子、票子那几个“子”的话，就大可不必了。

1996年之后，随着中国经济的巨大变化，留学生的状况也迅速改变，渐渐形成全民留学、大众留学的普遍现象，只要有钱就可以留学，并且对是否留下并不在意，能留则留，留不下来就回去。他们有一点倒颇像公派留学生，就是出来镀金拿个洋学位，再积累几年实际工作经验，目的是回国谋求大发展。目前，不端盘子不打工的小留学生，正成为中国留学生的主要趋势，而且年龄越来越小。

从整体来看，早期的自费留学生因为想留下来，攻读数理化、工程和电脑的人比较多，即STEM——Science（科学）、Technology

（技术）、Engineering（工程）、Math（数学，包括电脑），容易找工作、办身份。曾经有几年，留美学生中不管原先在国内是什么专业，男的都转学电脑，女的都转学会计，我和我太太就属于这样的“黄金搭档”。我太太在国内是会计，而我原先在国内是机械工程学士，出来后先转为传播，后来转攻电脑。

至于那些以出国镀金为手段，以回国求发展的留学生，他们多半会选择适合在国内发展的专业，如管理、金融、法律。我的小弟就是一例。他1992年从杭州大学国际商务系毕业，先在中外合资企业工作了几年，随后1997年便去英国读MBA（工商管理硕士研究生学位），没有考托福，也没有考雅思（International English Language Testing System，简称IELTS，国际英语水平测试系统），更不用考GRE、GMAT（Graduate Management Admission Test，经企管理研究生入学考试），带了5万英镑付了学费就读书。因此，他也不那么留恋英国，1999年毕业后就立刻回国了。

对于新老留学生的不同，我的一个朋友只用一句话便形象地道出了——“我们一下飞机直奔餐馆洗碗，现在的留学生一下飞机直奔车行买宝马；我们那时一进超市便眼花缭乱，现在的留学生都说纽约不咋地”。

前几年，我的老同学云霞在MSN（Microsoft Network，微软公司的一款网络服务软件）的题头上写道：“可怜的坐经济舱的孩子！”原来，她是心疼她在美国华盛顿大学读书的女儿，因为放暑假飞回国没有买到商务舱的机票，而且要坐十几个小时的经济舱。但是我们这批留学生，直到现在都舍不得回国时坐商务舱，而留学的时候往往是还不知道下学期的学费在哪儿呢。那时，别说没钱回去，就是有钱也非要等拿到身份才敢回去，而有的人甚至连父母去世都不敢回去送别最后一程，生怕回去了再签证时出问题“回不来”了。

前两年，中国有一部电影《时差7小时》，剧中描写一个16岁的中国女孩独自到英国闯荡，并将这段美妙经历写成了《长翅膀的绵羊》，然后自导自演拍成了电影。真是长江后浪推前浪！剧中，女孩一到国外便有帅哥机场迎接。不过，最令我心动的一个镜头是女孩和一个男同学骑车逛街，而我当年是骑车送外卖，真是时过境迁啊！

原来，现在的小留学生非但不愁吃穿、不愁学费，还一边读书一边谈恋爱，甚至还写书、拍电影。乍一看到这个故事，我心里还真不平衡。“货比货要扔”，一样是留学生，人家的留学生活怎么就这么滋润呢？不过，回头想想，按年纪她都可以做我的女儿了，不正是靠我们这一代人的奋斗他们才能幸福生活吗？我怎么能妒忌下一代呢，应该为他们高兴才对呀，更不能吃他们的醋，而这正体现了中国这些年的巨大变化嘛。

中国驻英国大使傅莹曾在其母校英国肯特大学发表演讲，也提到了新老留学生的变化：“联想到中国城市人均收入在过去30年里增长了30倍，出现这样的情况并不为奇。”

归去来兮——留学生在美国扎根后的现状

我们留学生刚出国时就像“北漂”，而“北漂”一旦拿到北京户口就能成为“新北京人”，可是在北美无论我们待多久，即使成了美国、加拿大公民，却仍然是不在主流的“边缘人”。

我曾经和国内好些亲友谈到我们在这儿很难进入主流，他们不太明白，因为他们生活在国内的主流之中，反倒不能理解什么叫“主流”了。在北美，我们比国内的人多了一些选择的机会，但很难真正融入这个社会，形象的说法就是“得到了天空，失去了大地”。

我太太的教授在英文写作课上说，即使像工程师这样的工作，“能否成功，90%不是取决于你的技术能力，而是取决于你的语言文字和交际能力”。我们与白人相比，英文的确是我们的“短处”，但对我们留学生来说，真正的软肋其实并不是英文。*FIASCO*（《诚信的背后》）的作者说过：“1994年，我在瑞士信贷的培训课程就很具代表性：绝大多数实习生都是白种男性，不是哈佛、耶鲁、牛津的毕业生就是富家子弟……就我所知，瑞士信贷还没有聘用过任何有色人在美国工作……”

我是2003年初进入瑞士信贷的，而我的同事吉姆是山东的高考状元，北大物理学学士、硕士，中科院天体物理学博士，美国哈佛博士，在华盛顿国家级实验室做过两年博士后。吉姆是个天才，能力超强，没有他解决不了的问题！吉姆知道英文是我们的短处，下了大功夫矫正我们的口音。我第一次听吉姆说英文时，以为他是ABC（America born Chinese，美国出生的华人），没一丝中国口音；而他写的英文报告更不比美国人差，但他的级别至少比同等资历的美国人相差三级！我们部门几次三番将吉姆升迁的名字报上去，并且有部门总经理查理的强力推荐，可他的升迁之路一次次被堵在公司高层。在一次公司大会上，吉姆终于忍不住大胆地质问公司高层：

“我们公司是根据什么标准升迁的，是根据工作能力，还是依据姓氏？”这就是所谓的“玻璃天花板”，你能望到天空，就是冲不破那层玻璃板……

随着中国经济的高速发展，近几年海归潮起。据教育部国际合作与交流司透露，留学回国人员每三年增长1倍多。每次我和周围的朋友聚会时，我们谈论最多的话题就是归与不归、何时归去。在这里，我引用我另一篇文章里的一段话以说明：“美国是一个发展完备的国家，一切按部就班地进行着。‘海鳖’们的生活犹如一汪平静的湖水，一阵风吹过，只激起浅浅的波纹，极少掀起狂波巨浪。宁静让人向往跳动，永恒让人憧憬变化，诱惑涌动着渴望的心。人总是向往动感，而且是向上的动感。如果永远生活在一种静止的环境中，慢慢地会变得麻木。生活在美国，真的有‘鳖’的感觉。中国则是波浪翻滚，在这个变革的社会里，‘海鳖’们都想去冲浪，他们的心在剧烈地跳动着：回去吧，我们要做‘海龟’！海归呀，已经成为我们这些海外学子挥之不去的梦……”

也许，倒转回去20年或15年，对绝大多数留学生来说，回去还是留下并不是一个问题。因为那时候中国和美国完全没有可比性，中国在各方面都大幅落后于美国，生活、工作等方方面面的差距相当大，只要有可能就都会想办法留在美国，哪怕“博士洗碗、教授做保姆”也要出来。然而现在情形不同了，中国和美国有了可比性，留学生们有了选择的余地。何时归去，我们在等待最佳时机！

当然，出国不见得不爱国，回国也不见得只为爱国。尽管还有许多留学生没有回国，他们一样可以为母国的发展作贡献。留美学生大多毕业于国内一流大学，他们既接受了中国的传统教育，又吸取了西方的先进理念和精华，积聚了珍贵的中西方“杂交优势”，最大的价值在于为东西方搭建桥梁。大洋那边千千万万的“海龟”，与我们这些千千万万的“海鳖”，将为世界了解中国和中国通向世界，为中国的崛起而共同努力！

实际上，写作本书的初衷就是希望为那些想要更加深入、全面地了解美国、加拿大社会和经济状况的国人架设一座桥梁，从教育、就业、社保、财经、税收、房市、物价、移民、法律、文化、思维、理念、科技、生活、娱乐等多个角度为大家提供一些常识，而这些都是我作为一名既熟悉中国文化又了解北美文化的经济学人在北美学习、工作、生活约30年的经验和见闻的所思所感，希望对大家的选择有所帮助。

2008年4月20日初稿；

2008年5月10日第一稿；

2019年3月15日第二稿；

2019年5月10日定稿

目　录

第二章　北美税收面面谈

第三章　北美房市、物价与移民

第四章　北美人的思维观念

第五章　北美人VS中国人

第六章　从科幻世界般的高科技看北美

第七章　北美吃喝玩乐购

附录

第一章

北美上学、就业与社保

在北美上学可以使用学生贷款，以保证能顺利完成学业，可是学生贷款也往往给自己增加了很重的负担。在北美就业也会遇到骗子，但是北美的骗子有“职业道德”，你上当后还会告诉你真相。北美就业的竞争压力非常大，不管多大年纪都可能会面临失业的危机，而年届中年一旦失业的后果是很可怕的。美国没有全民医保，只有老人和很穷的人才享受政府提供的健康保险（这和英国不同，英国是全民医保）。奥巴马上台后规定公司必须给雇员购买保险，但是必须要通过保险经纪公司进行。

北美的学生贷款

玛丽娅是保加利亚人，大学毕业后随父母移民来到加拿大。她在多伦多大学拿到金融硕士学位后，便与我成了同事。由于我们都是从“社会主义大家庭”里出来的，相似的背景使我们对事物有很多一致的看法，渐渐地便无话不谈了。一次coffee break（工间喝咖啡休息时间）的时候闲话家常，我羡慕她跻身加拿大名校接受教育，她却佩服我读完学位居然不欠一分钱，过上了无债一身轻的生活。她懊恼“为拿学位欠下一屁股债，还不知道哪年哪月能还清”。

本来嘛，一句闲话听过则过，也根本没有当一回事。后来，我和玛丽娅各属其主服务于不同的公司，平时除了电邮往来以外，经常也约在一块儿喝杯咖啡，聊聊各自的现状。在北美，除非事先说好，吃饭、喝咖啡一般都习惯各付各的账，我俩当然也不例外。不过，有一回玛丽娅约我出来向我讨教找工作的诀窍。见面寒暄坐定后，她便抱怨：“烦死了，工作没了，学生贷款还没有付清。”听她这么说，我当仁不让地请她喝了杯她最喜欢的拿铁咖啡。不久，她找到了工作，约我出来说要答谢我，请我喝卡布奇诺咖啡。看她兴高采烈的样子，我就坦然地接受了真诚的谢意。

可没想到的是，3个月后玛丽娅不满意那个新公司，又约我出来帮她修改履历为跳槽做准备。那天，她情绪低落，又开始抱怨学生贷款没有还清，理想的工作又太难找。我听出了她的弦外之音，主要嫌薪水不够高，年薪只有7万加元。可事实上，在加拿大年薪7万加元再加奖金，已属高薪阶层了。于是，我便忍不住好奇之心，问她究竟欠下多少债务。她说，毕业时欠了6万加元学生贷款，其实是非常优惠的，在学生期间一直到毕业半年之内都是无息，但是毕业半年之后就要对没还清部分收取利息。本来每个月这个账单那个账单要一一顾过来，有工作的时候还能收支相抵，但一没工作就难了。最后，这笔学生时代欠下的债务，本金加利息，好像永远还不清了，犹如噩梦压得她喘不过气来了。

其实，玛丽娅的境遇在北美太普通了。单在加拿大，就有近两百万人背负着学生贷款。这一债务总额约为200亿加元，合计的范畴包括联邦政府和省级政府贷款，每个学生平均欠加拿大政府的钱每天增加120万加元。与此同时，无法偿还的学生贷款总额高达1.5亿加元。但艰难的就业市场，加上连年高企的学费，又迫使年轻人选择退出就业市场而留在学校。随着学费的连年上涨，学生的借贷率已经由1995年的49%上升至2005年的57%，如果不借贷，显然难以完成学业。

但是，当学生贷款零利率期限到期开始计算利息的时候，对年轻人来说就绝对是噩梦的开始。加拿大学生的平均债务在6万加元上下，在利率处于历史新低的这个时候政府的学生贷款利率就已经是8%了，假如利率调高，支付的高额贷款是不可想象的。可见，这是债务缠身、付出代价的一代人，即意味着他们将无法储蓄和积累财富。因为他们将用大部分的薪资来偿还债务，然后不得不尽可能地靠节省来累积财富，而这对整个经济（靠消费带动增长的经济模式）产生的影响当然也是不言而喻的。

在北美就读硕士，我在美国算外国学生，所支付的学费比本地学生还要高2倍。玛丽娅是移民算当地人，虽然读的是名校，但学费比国际学生便宜。综合计算下来，我和玛丽娅的学费差不多。那么，为什么我能过上无债一身轻的生活，而她却挣扎在债务中苦不堪言？关键在于我们的生活方式不一样。

欧美奉行的是华尔街鼓吹的提前消费、信贷消费的美国发展模式，银行放松信贷条件，最终导致市场上真正的供求关系遭到严重扭曲。例如，原本年收入10万美元的家庭，只能供得起价值50万美元的房子，但在低利率房贷的支撑下，这样的家庭却能够贷到80万美元甚至100万美元的房款；本来要存好几年才能买得起奔驰车，但只要向银行贷款，就立刻可以将奔驰开到高速公路上，养成了寅吃卯粮的消费观念。

这看起来似乎是一笔皆大欢喜的买卖，银行赚利息，老百姓则可以“用明天的钱圆今天的梦”，提前获得物质享受。但是，我们要谨记，“出来混，总是要还的”，而且是加倍偿还。银行贷款就像铁链一般环环相扣，一旦借款人丧失还贷能力，铁链的一环便会断裂，银行的账上就会出现窟窿，到了一定的程度之后就会出现金融危机。

不过，任何事物都有利有弊。我当年因为不够资格申请学生贷款，只能在公立大学“全工全读”，学的也不是心仪的专业，倒养成了量入为出的好习惯，决不肯为信贷消费支付一分钱利息。但玛丽娅从学生时代有资格贷款起便尝到了信贷消费的甜头，除了背负学生贷款外，还负有信用卡债，到最后就只有拆了东墙补西墙，先还高利率的信用卡债，再还低息的学生贷款，以至于6万加元学生贷款拖了16年才还清，最后连本加息超过了10万加元。

2015年的一天，我和玛丽娅又碰面了，她高兴地告诉我她终于还清贷款了。为了祝贺她，我特意请她喝了杯拿铁咖啡，她却端着咖啡苦笑道："我的学生贷款还清了，但我儿子马上就要上大学了。我最多供他两年学费，剩下的就只有靠他自己了。"

听了玛丽娅的话，我不禁感叹：显然，她儿子又将步母亲的后尘——靠信贷消费上学了。（注：不幸的是，玛丽娅还清学生贷款后不到一年竟然罹患了癌症，现在已溘然长逝了……）

从《都挺好》简谈中国留美学生之财富状况

最近，电视剧《都挺好》在中国大陆大热。电视剧一开始，就讲述了在美国的大哥一家的生活状况。于是，有网友问了几个跟美国有关的问题。

其中，有位网友问原生态家庭危机在中国真的那么严重吗?

其实，我周围亲友中就有苏家三个男人的身影，甚至有过之而无不及，并不觉得编剧太戏剧化。中国文化中的糟粕：不讲法律、亲情绑架、重男轻女……当演给你看时，真是太可怕了。

一位网友问，《都挺好》中的苏明哲是清华和斯坦福双名校毕业的，他在美国属于什么水平和阶层?

首先，要说的是，哪个学校毕业并不等于所属哪个阶层。最近，网上有个流浪汉"沈大师"火了，经媒体确认沈先生是复旦毕业的。但阿里巴巴的马云不过是个师范学院毕业的，还有很多企业家大学辍学或者中小学毕业，甚至是文盲（如"傻子瓜子"创始人年广九）。

其次，要特别强调的是，收入的高低和阶层的高低不是一个概念。只能这样说，从统计上而言，收入和阶层大概率成正比吧。

一般来说，相对而言，名校毕业生的收入能到达比较高的经济阶层。特别是像《都挺好》中的大哥苏明哲，清华和斯坦福双名校毕业，留在美国的话一般会进入硅谷（或在华尔街）任职，做到年收入20万美元以上是大概率事件，相对于美国人平均年收入5万美元上下，这在美国绝对属于中高收入阶层。

早年的中国留美学生，只要是国内清华、北大、复旦这类名校的，到美国再在常春藤名校以及排名前200名的大学再拿个硕士、博士，正常情况下收入都能在美国进入中高阶层。但要强调是，这并不等于我们进入了美国的中高层阶级。

因为在美国是否属于中产阶级，除了必须受过良好的教育、收入稳定和拥有一定的财富外，还要具有自由的意志和普遍的社会关怀。中产阶级之所以成为社会承上启下的中坚力量，并不单单是因为他们口袋里的钱财，还因为他们具有“一定的知识资本与社会关怀”。

还有位网友问，《都挺好》里的留学生大哥苏明哲在美国的情况真实吗？

我认为，电视剧《都挺好》是根据2007年的第一版小说《回家》和2012年的升级版小说《都挺好》改编的，那个大哥苏明哲应该跟我们是同一代人。不过，电视剧里的确把苏明哲写得太惨了，一般而言像苏明哲那样的双名校毕业、10年以上工作经验的，在硅谷即使不大富大贵，但年收入二三十万美元很正常，根本不需要他小妹帮他在上海安排工作。

不过，我们这一代留学生如果没有及时回国的话，的确是错过了中国前30年的发展，特别是加入WTO之后的那15年的超高速发展期。如果我们跟我们留在国内的同学相比，特别是跟CS（计算机专业）、金融专业的相比，跟在北上广深的相比，平均而言国内的同学积累的财富超过我们。

如果当年我们在拿到硕士学位或者工作几年之后在2000年之前回国，特别是在北上广深的话，大概率而言积累几千万元人民币的财富不是天方夜谭，就像《都挺好》中的苏明玉。当然，回国之后过什么日子是another story（另一回事儿），优劣高低，就见仁见智了。

其实，我们出国的目的本就不该纯粹是为了赚钱（如果单为赚钱的话，去非洲、东南亚赚大钱的机会比欧美要多得多，国内前20年更多）。出国的目的，就是在人生旅途中看不同的风景，享受的是精彩的过程……

最后提一下，我留在国内的老同学中已经有4个去世了。近几年，回国和老同学相聚，国内同龄的老同学看上去比我们苍老10岁，状态也比我们要差一些（好多在海外的亲友也有同感）……

美国名校的学位

前段时间，轰动美国名校的招生舞弊案，一经爆出便占据国内外各大媒体的头条，几乎刷屏了整个朋友圈。

最近，一宗最大金额的纪录又被中国涉案家庭再度刷新——650

万美元！涉案家长豪掷约4400万人民币，造假让自己的女儿顺利进入斯坦福，并享有奖学金。

作为改革开放后出国的第一代留美学生，每每看到这类新闻时都不禁感慨，真是时过境迁啊！当年，我们出国时真可谓两袖清风，尤其是热门专业，如当时的我因读电脑（当时的热门专业）而申请不到奖学金，踏上美国的第一件事就是找餐馆打“黑”工。现在的留学生是真有钱，可好像拥有的财富和智商又不成正比。

我们那个年代出国的留学生，虽身无分文，不但照样进入哈佛、耶鲁、MIT（麻省理工学院）、纽约大学等名校，而且能如期毕业获得学位。美国大学是所谓“宽进严出”，常春藤大学则是难进更难出，而最极端的是有的美国名校毕业率甚至低至4%。

《纽约时报》曾发表了一篇名为《中国难题》的文章，指出约有5%的中国学生在大一课程开始前，就已经从语言课程中退学。2009年杜克大学共招收14名中国大陆本科学生，2010年开学第一天只有8名学生如期出现，其余6名学生因为成绩无法达到学校要求被学校劝退。

哈佛大学2012年录取了八九名来自中国的学生，其中2名学生因为无法适应哈佛的竞争环境选择退学或转学。耶鲁大学2012年录取了约13名中国学生，约有3名学生选择退学或转学。

有一个网站名叫College Completion（大学毕业），专门统计每年全美国各大学的毕业率。据统计，每年美国总共有1750万大学生就学，但是大学生毕业率是发达国家中最低的。毕业率最低的10所公立大学的毕业率都在15%以下，其中南新奥尔良大学毕业率居然只有4%，其余的或者辍学，或者没能在6年之内完成大约120个学分的本科课程。

难道国内的富豪不知道，即使你能用非正常途径把子女送入美国名校，他们就能顺利拿到学位吗?

回顾几十年前的留学史，第一代经过严苛入学的精英留学生，海归的含金量特别高；到了20世纪90年代中后期，出国留学就已经不单是学霸了，已然出现了良莠不齐的现象；到了20世纪初，一般来说只要有钱就可以出国留学，好些小留学生因为怕高考进不了国内一、二流的大学而出国，与第一代留学生的情况恰恰颠倒了过来。

这也正是这些年海归的含金量逐渐走低的原因。近几年，海归已不是国内求职的加分项，如果没有海外的工作经历，单靠学历已证明不了工作能力，只有海外名校毕业还稍可加分。但近来美国名校招生舞弊案的不断爆出，使得海归最后的一点光环也将消失了。

其实，富豪花费巨款让子女造假进入美国名校没有必要。如果子女拥有读名校的高智商，根本就不用造假；如果没有高智商，即使冒牌进去也无法毕业，也拿不到名校的学位。退一步而言，如果真能一路造假拿到名校的学位，那么名校的名声将一落千丈，花钱买来的学位也将一文不值。

在美国的名校中，一路造假拿到学位是极小概率事件，因为美国的名校都是几百年的基业，想一路买通所有授课的教授，一路行贿校内各个部门，几乎是不可能的事情。退一万步而言，要是造假真能得逞，一旦被媒体曝光，那么这所名校一夜之间就将臭名远扬，百年基业将毁于一旦，而这是绝对得不偿失的!

行文至此，那位百亿富豪的太太回应称被误导与利用了，并通过代表律师指出："她被误导，她的慷慨被人利用，她的女儿成了一宗诈骗案的受害者。"

看来，这起事件已经不是花钱值不值的问题，而是刑事犯罪的案件了。

北美找工作遇骗记

20多年前，我和太太刚到美国克里夫兰近一个月，身边带的钱交完学费就所剩无几了，而餐馆打工的钱只够日常生活。当我正为下个学期的学费犯愁的时候，我无意中看到一则广告。

这是当地发行量最大的报纸，上面登了一则醒目的广告——"在家上班做手工活，无须经验，报酬优厚。兼职，每周300～500美元；全职，每周600～1000美元。有诚意者请寄50美元至×××（地址），收到汇款后立即与您联系"。

我想，一个月可以挣四五千美元，又没有身份限制，真是太好了。于是，我第二天毫不犹豫寄出一张50美元（占我当时全部现金的25%）的支票。

后来转念一想，如果世上真有这么好的事，那谁还愿意拼命打工呢？我确定自己有可能被骗了。

没料到，没过几天我还真收到了回信，赶紧拆开看，只见白纸上写道："请照我的方法去做：租一个邮政信箱，每周花10美元，每周花广告费120美元，如果一周收到10封来信，你便可以赚370美元（10 × 50–10–120=370）。”

真是让人哭笑不得，美国的骗子还真有“职业道德”，死也要让你死得明白，而花这50美元让我上了终身最难忘的一课。

后来，我把这件事当作笑话讲给了一个美国同学听。他听完之后，教给我一句美国成语：“If something sounds too good to be true, it probably is.”（如果有件事听上去好得不像是真的，那基本上就不是真的。）。从此以后，我牢牢地记住了这句话。

我现在想来，当时真是急昏了头，病急乱投医。可见，定力不够的人到了艰难的时刻，往往会丧失最起码的判断能力。渐渐地，我才知道欧美的新闻媒体不对广告内容负责，登不登广告是它的事，信不信是你的事。实际上，所有的报纸几乎都有“广告内容与本报立场无关”的字句，只不过印在不为人注意的角落。

纽约冒险打工记

当年我远赴美国留学时，首选的大学并不在纽约。原因之一是听熟悉纽约的朋友说，纽约犯罪率全美最高，稍微晚点回家就可能在黑暗中遭遇抢劫。

然而，为了上更好的学校，最后我还是勇敢地转到纽约上学，并完成了学业。那时为了离学校近，还为了能半工半读，能在周末的夜晚送外卖多赚些钱，我们不得不选择了毒贩较多的地方居住。

放学回家的路上，我常常看见周围的电线杆上吊着一只只新鞋，后来听朋友讲才了解到那是“有货”的标志。我家附近南美人特别多，夜晚还常听到枪声。不过，住久了就知道，其实用不着怕，你不惹他们，他们也不会来惹你，所谓“井水不犯河水”“人不犯我，我不犯人”嘛。

但是，夜晚送外卖那就是另外一回事了。我去应征工作的时候，老板就告诉我以前送外卖的常常挨打，可能是英语不好，因为那些贩毒者很敏感。如果他们跟你打招呼、和你聊天，而你不理他们，他们就会误以为你瞧不起他们，当然就要找你的茬儿了。

我在毕业之前利用周末送了9个月外卖，非但没有挨打，而且还结识了一些毒贩，结果我的小费最多，平均一小时15美元，加上底薪，一个月1000多美元。

毒贩出手特大方，有时7美元的一张单子，他会给我5美元小费。不过，小气的客人也有。曾遇到一个印度人，9.99美元的一张单子给我10美元，还说：“Keep the change!”（请留下找头！即作为小费的意思）于是，我拿出一个5美分，也对他说一句：“Keep the change!”（请留下找头！）

除了毒贩，黑人兄弟也很大方，只要他有钱，常常是7美元一单小费就给3美元。不过，白人和东方人一般按常规，不多不少15%。

在那九个多月里，我每周星期一至星期五找专业工作，星期五至星期日从下午6点到晚上12点送外卖。想想很有意思，面谈时我穿着Hugo Boss（源于德国的知名奢侈品牌）的高级西装，送外卖时则穿一身牛仔服，脚踏NIKE（耐克）鞋，不停地做着角色转换。毕业后，我进了华尔街，还特地把这份收入不错的兼职介绍给了刚到纽约的一个朋友。没想到，他没有我幸运，第一天上班就遭到了几个黑人的暴打。

真是人生如戏！其实，出国前我和太太小玲在国内都有着稳定有前途的工作，已经过着舒适的生活了，没想到初到美国竟然会有这样的冒险经历……

佛也需dress code（装扮），找工作也需要包装

1994年，我在纽约市立大学皇后学院拿到了电脑科学硕士学位，闯过了经验关、语言关、服装关和身份关，在同学惊羡的目光中进入了当时华尔街最顶尖（与高盛、美林齐名）的投资银行——银行家信托（Banker’s Trust）风险管理部，做风险控制模型。在成功面前，我庆幸我有妻子小玲相伴，同甘共苦。

但是，回想起刚开始找工作的时候，每一步都很艰难。

毕业快两个月的时候，猎头见了不少，可是往往见过后便没了下文。正着急的时候，我接到了一个电话，是一个自称布朗的人约我去面谈。于是，我穿上西装，乘坐地铁兴致勃勃地赶到了布朗约见的地方。

布朗给我的感觉非常自信，衣冠楚楚，很有派头。他用奇怪的眼神从上到下打量了我一番，寒暄了几句之后，他突然发问：“你这套西装什么牌子的？”

我低头扫了一眼自己这套西装——这套西装是过新年时太太小玲陪我去买的，虽然不是名牌，但也是意大利制造的，花了150美元。

接着，布朗又问：“好像不是全毛的吧？你的皮鞋也不行，袜子太短了，领带的花式不够正统。”他当面将我品头论足了一通，令我

分外难堪。不过，回家的路上我寻思着，布朗的话听上去虽然不舒服，但是他说得也有道理。要想把自己“卖”个好价钱，包装是非常重要的一环。

我垂头丧气地回到了家，将经过告诉了我太太小玲。小玲若有所思地说：“别看美国人穿着随便，到了正式场合也是不含糊的。你前段时间没有面谈，部分原因可能是服装，那就把你包装一下吧。”

我一听急了。读书期间，为了保证我有好成绩，小玲不但打工赚钱，家务活也一个人全包了。为了找工作，我上了培训班，又花了几千美元。她为我花钱从没二话，自己却什么都舍不得买，还戒掉了吃零食的习惯，甚至考托福都舍不得付学费而全靠自学。于是，我立刻说：“不行，银行里的存款还剩两千不到，‘包装’得花多少钱啊。那点钱是应急的，说好了不能再动的。”

我们那时是穷留学生，相依为命地生活在异国他乡。我们最怕生病，因为我们什么福利也没有。如果真生病的话，我们连借钱都借不到，而向银行借钱都必须有资产抵押的，但我们什么抵押物都没有。所以，我们无论如何都需要存下点应急的钱。

小玲拉我到卫生间让我照镜子，然后说：“人家说得有道理。俗话说，人要衣装，佛要金装。想干大事，就不能婆婆妈妈。以前不懂也就算了，知道了还不改那就愚蠢了，难道你想做蠢人？”

在小玲的劝说下，我想找到了工作就什么问题都解决了，于是第二天我们来到高级百货公司从西装架子上挑选了一套800美元的德国西装——Hugo Boss。

我换上这套西装后，感觉真的大不一样了，而我原来的衬衫、领带、袜子和皮鞋对比之下全都已经无法入眼。

太太小玲看着我，一咬牙说："干脆全换掉！"于是，我们又花了近800美元配了全套的Hugo Boss。

当我穿着这套西装再次出现在布朗面前，他的眼睛放出了惊异的光彩。很显然，我包装成功了。布朗拍着我的肩膀说："你明白我的意思了，这会儿你看上去'酷毙了'！这就对了！这样去找华尔街的工作，就不会有问题了。"

于是，布朗请我坐下来，开始询问我的背景、学历以及技术，我这才感到"有门儿"了。其实，不能说布朗势利眼，他只是按照华尔街的游戏规则给我上了第一课：当一个人还未开口说话，还没有机会亮相才华，就只能根据外表来判断此人是否懂得行规。英语有句俗语，"First impression last"（最初的印象永不改变）。

试想，一天24小时，除去吃饭、睡觉和通勤，最长的时间是和同事相处，有谁喜欢与不顺眼的人在一起共事呢？

我穿上这套"行头"，由布朗安排进入豪华的办公楼去面谈，自信心倍增，算是懂得"街上"的规矩了。

这次"换装"使我撞进了银行家信托公司，开始了华尔街的征程。

女性上班的装束也很有学问，太性感的服装肯定不行，可能对周围的同事造成心理影响。特别是高级职位的女性尤其如此，如果穿着太性感，会被视为不称职，无论她们的技能如何。

在美国公司，雇主对雇员制定服装要求是合法的，而在华尔街就更不用说了，投行绝对有权利提出要求。

当我懂得在华尔街上班应该怎样着装之后，反倒在平时出了一次洋相。

有一天，我接到老板的邀请，到他长岛的豪宅去参加party（派对）。因想起老板平时穿着讲究，我便一本正经地西装笔挺，像模像样地坐着火车到了长岛。老板开一辆红色的法拉利跑车来接我，当他打开车门向我走来时，像看外星人那样盯着我；而我呢，以为自己看走了眼，老板穿着人字拖和沙滩裤，上身一件粉色的T恤衫，那身打扮跟他往常的形象大相径庭，像个跳嘻哈的小年轻。我当然是惊讶得不知说什么，而老板却开玩笑地逗我说："怎么，我们家都好好的，你来参加谁的葬礼？"一到他家，他赶紧找出他儿子的便装让我换上，那天是烧烤party。如果西装革履吃烧烤，岂不太好笑了？

自此之后，但凡参加party，我一定会事先问清楚"What's the dress code?"（穿衣服的规则是什么？），免得尴尬无比闹笑话。

临近年底，公司在游轮上举行圣诞party，那天有位中国同事又是西装笔挺，惹得美国同事一见他就问他要吃的，弄得他一头雾水。后来，才发现那天那位中国同事的穿着跟游轮上餐厅的服务员着装一模一样。

虽然华尔街衣着光鲜，但背后干的事儿可并不是那么地道。从贝尔斯登到华盛顿互惠银行，就好像电影里常常设计的那样，衣着光鲜的多是反面人物。

"单打独斗"和"团队作战"

从20世纪90年代初开始，随着华尔街电脑和衍生证券化，使大批“物美价廉”的中国留学生进入了原先由白人独领风骚的华尔街，从事电脑软件和衍生证券的模型研发。当年，《纽约时报》（*The New York Times*）还曾大幅报道过。渐渐地，擅长电脑、数学的印度人和以俄罗斯人为主的苏联人也随后跟进。没几年，中国、印度和苏联人在华尔街形成了三大群体，占华尔街总人数的25%。但有所不同的是，印度人和苏联人擅长团体作战，而中国人则倾向于单打独斗。

华尔街流传着这样一种说法，“一个中国人当了头儿，第二年他周围就剩他自己了”。这话一点儿都不夸张，讲一个我自己跳槽找工作的故事吧。

多年前，花旗的投行所罗门美邦（Salomon Smith Barney）招人，而那时花旗正如日中天。我觉得机会非常不错，立刻申请了，没想到不久就得到了面谈的机会。

安排我前去面谈的猎头名叫韩伍，他告诉我他是越南人，还绘声绘色地向我详细介绍道：“我的头儿一看你的履历，就觉得你是非常有希望的候选人。你以前的经验符合他们的标准，而且你要去的那个组的头儿也是中国人——苏博士，技术水平相当高，去年升上去的。你们背景相似，都是从中国来的。”

面谈那天，我怀着与韩伍相同的愿望去了花旗，第一轮面谈是采用和几个人同时面谈，也就是panel interview（多人同时面试）的形式。参与面谈的除了我还有三个组员，一个美国人，一个印度人，还有一个中国人山姆。由于有一个美国人在场，那个印度人比较“客气”，这一轮谈下来双方感觉都挺好。于是，韩伍兴致更高了，立刻又安排了第二次面谈见组长，也就是那位苏博士。去见苏博士的前一晚，韩伍又在我临睡前打来电话，他说："别的猎头给苏博士推荐了一个美国人，我们觉得还是你的希望最大，你的实力强过那个美国人。"花旗那个位置的业务领域是我熟悉的，使用的技术更是我的强项，因此我也信心十足，以为能顺利通过面试。

第二次去花旗，我特意早到了15分钟，提前在会客室等着。没想到，我见到了前一次那个叫山姆的组员，他正巧来到门口冲咖啡。看到熟悉的面孔又是同根同种，我自然地流露出一副热乎劲儿，刚跨出一步想同他套近乎，但他看到我时跟见了鬼似的，立刻慌里慌张地躲开了。

后来，面试的时候跟那位组长苏博士谈得不错。于是，面试结束后我耐心等着韩伍的电话，因为我估计他会安排第三次面谈去见花旗的部门经理。

第二天中午，我正吃着午餐，突然听到电话铃声，于是我将一口还来不及下咽的饭吐在盘子里急忙去接听。电话是韩伍打来的，他开口便质问道："我真搞不懂你们中国人，太奇怪了！明明你最适合那个位置，苏博士却说你不合适。我逼问了他半天，他说顾忌到如果手下再聘用一位中国人有抱团儿的嫌疑。我的头儿听了之后气坏了，这算什么理由？好端端的一单生意弄丢了。"

我不知道该怎么回答韩伍的话，也很无奈中国人不帮中国人的现实。

华尔街还流传着另外一种说法，"一个印度人做了头儿，第二年他手下全是印度人"。事实还真是如此。

一位朋友曾给我来电话，谈起找工作的近况。他绝望地说，每一次面谈，第一轮感觉都不错，但第二轮面谈总被刷下来，究其缘由竟然是因为自己不是印度人也不是苏联人。他这样一说，我就立刻明白了。华尔街第一轮面谈，通常都是人事部门或未来的顶头上司先约见，这些行政主管或者项目经理大部分是白人，只看应聘者是否符合要求，是否顺眼。第二轮面谈，就轮到技术主管或者部门的技术骨干来考问了。中国人去应聘，白人这一关轻轻松松就过了，但第二轮如果是印度人或者苏联人，他们便会“朝死里整”，届时向经理说声这个人不合适，中国人便自然出局了。华尔街有一个软件公司更为离谱，我朋友去第二次面谈时见到一个俄国人、一个乌克兰人，他们直截了当对他说：“你不会俄语吧。我们这儿的软件是用俄语写的，你看不懂的。”我的其他朋友也都碰到过类似的情况。

印度人不甘心只做普通技术或业务员工，他们的眼睛还会紧紧地盯住管理阶层。在华尔街，一旦一个印度技术业务高手进入一个部门，就再招聘2～3个助手，也是印度人。这样，新手一两年后出头，然后再带新人。于是，他们就像搭人梯那样渐渐地向上升。到后来，最早进去的那位上升到部门经理甚至更高位置，便掌握了整个部门的用人权。再过不了多久，他的下级中印度人越来越多，并逐渐把其他族裔的员工排挤出这个行业。所以，我们中国人找工作去面谈时，只要见到印度人心里就会嘀咕：“肯定没机会了，印度人不往死里整你是绝不会罢手的。”因为，他们一定要留住这个位置来安顿自己的同胞。现在，华尔街的每个房间里几乎都看得见印度人，有的公司食堂里居然开始提供印度餐。

华尔街奇特的招聘方式

华尔街是全世界精英荟萃之地。在20世纪90年代之前，华尔街几乎是白人的天下，即便是白人也只有十大常春藤名校的毕业生才有资格进去。不过，任何事情都有例外，华尔街对交易员和金融产品推销员的学历要求倒不高。

几年前，我朋友的儿子约瑟夫闯入了华尔街。他是纽约一所普通大学的历史系学生，临毕业还有一个学期，而且专业跟金融证券完全不沾边。当时，金融危机尚未过去，之前华尔街裁下来的人群中大约有一半还在寻寻觅觅地找工作呢。那么，约瑟夫到底是怎么进入华尔街的呢？

原来，有一天约瑟夫偶然在大学校园的广告栏里看到一张小小的广告，上面什么也没写，只有一个“www.”后面跟着一串奇怪的数字和字母符号的网址。他觉得很有意思，便把这个网址记住了。回家上网的时候，他顺便点击进去看看，想不到里面有一道题目，要求在10分钟内对一条时事新闻谈一点看法。他立刻洋洋洒洒地写下了大段文字，尽情地发挥了他自己的见解。10分钟到了，电脑屏幕上突然闪出一份表格，是华尔街交易员助手职位的申请表，并请他填写。

于是，华尔街这扇大门就这样向他打开了。

听完约瑟夫的“奇遇”，不禁为想出这一招聘方法的人拍案叫绝。一是能在花花绿绿的广告栏里注意到一张不起眼的广告，说明这个人对他周围世界的新鲜事儿很有好奇心。二是能快速把由数字和字母组成的网址记忆在大脑里，说明这个人过目不忘，记忆力超强。三是回到家上网时居然还记得点进去看一看，说明这个人做事有恒心。四是看到新闻愿意谈论自己的见解，说明这个人喜欢表现，也喜欢思考。五是对时事新闻能在10分钟内进行综合分析，而不是人云亦云，说明这个人反应敏捷且见多识广，智商不低。这些都是一个成功的交易员最基本的潜质。

说到这里，不由得想起我的一次电话面谈，也挺另类的。十几年前，我想跳槽，便投出去几份履历。有天傍晚下班刚到家，便接到一个电话，一个自称唐纳的人一开口便问我："你是不是申请了CSFB的职位？"

CSFB曾是全球五大财团之一的瑞士信贷属下的投行，跻身当时华尔街十大投行之列。我的确是申请过CSFB的职位，便赶紧回答："是的！"并准备应付唐纳提出金融和技术等问题。

没想到，唐纳的第二个问题竟然是："知道全世界房价最高的地方在哪儿吗？"我一愣，立刻回答："旧金山。"他接着追问："那么哪里的生活水平最高呢？""日本东京。"我答道。

"那么德国人最爱开什么车？日本人开私家车多，还是乘公共汽车的多？"唐纳一个接一个的问题与专业毫不相关，诸如"哪个影星在哪儿领养了第三个孩子？""哪个棒球队最近以一球之差屈居亚军？""哪本小说进入了销售榜？"等，他就这样东拉西扯足足跟我聊了两个半小时。幸好，我爱看报纸、杂志和各类闲书，记忆力还可以，所以都答对了。

当然，瑞信的大门也就这样对我敞开了。我当时很纳闷儿：为什么唐纳会在电话里问我这些问题呢？后来，与唐纳相熟之后他告诉我，他清楚中国高学位的专业人士业务绝对不成问题，可是与人打交道却通常很成问题，也就是缺乏社交能力。在华尔街闯荡，除了必要的学历、经验和业务能力以外，软实力其实更为重要。

华尔街员工的级别和薪酬

美国人均年收入四五万美元，但接近七成达不到这么多。据社会安全署（SSA）公布的数据显示，2015年，美国民众的年收入中位数为28 851.21美元，平均收入为44 569.20美元。同时，该统计指出，接近70%受薪阶级的收入低于或等于美国民众的平均收入，但是收入最高的134人在2015年的平均年收入则超过了8600万美元。相对而言，美国华尔街的员工收入比较高一些。

华尔街大多数投行把员工的职位分别定为10个rank（级别），员工的薪水段、红包（奖金）等的大小、假期的天数、公司业务对外交际费用的高低、退休金的比例等都和级别挂钩。譬如，第8级以上每年有两周带薪假期，第7级和第6级有3周带薪假期。

员工的职位级别犹如金字塔般分布，数字越大，职务越低，人数也就越多。一般投行大约有50%的员工在第10级到第10级之间，他们没有职位title（头衔），被称为staff（职员）或non-officer（非官员）。有的以专业命名，如助理会计师、助理分析师、软件开发员等。从第7级开始进入中层，对外可以用名片，大多以专业作为title，前面可以加senior（资深或高级），如高级软件工程师、高级分析师，高级会计师等。

从第6级开始就是“行政管理”职务了。可以负责一个部门，或者一个项目，一般的title是AVP（中文译为“助理副总裁”）；第5级是VP（中文译为“副总裁”），对外的名片是“vice president”。在华尔街的主流公司里，一般华人特别是中国大陆留学生背景的升到副总裁一级基本就到顶了。要升至这个级别，除了至少有10～15年的经验，还最好要隔三岔五不停地“跳槽”。

再上面的第4级是principal或director，中文译为“董事”或“合伙人”，是中层中的最高级别。第3级为高层中的最低级别MD（managing director），中文大多译为“董事总经理”。我们中国留学生背景的华尔街人，如果在美国是VP的话，一旦被派往亚洲分部，都能跳一级甚至两级。因为华尔街毕竟是白人的天下，但东方可就是我们华人的地盘了。

余下的便是行政级别最高的员工了，他们分别是总公司和各分公司的CEO（Chief Executive Officer，首席执行官）、CFO（chief financal officer，首席财务官）、CRO（chief risk officer，首席风险官）、CTO（chief technical officer，首席技术官）、CIO（chief information officer，首席信息官）等。

那么，这10个级别背后员工的福利又是如何的呢？

华尔街投行是一个高层次、高风险、高竞争、高回报的行业。一个刚入行的本科生（担任助理或普通分析员职务），年薪大约是3.5万～5万美元，有MBA学历的标准薪水大约在6万～13.5万美元。不同的公司，不同的地区，薪水标准也不同。刚起步时，奖金占薪水的10%～50%，然后逐年增加至1～3倍。最能挣钱的当数投行的股票交易员，曾有一位共同基金的经理，他1994年的年收入分到13亿美元。怪不得，有些交易员一年几十万美元落进袋里，简直就不好意思说出口。

根据2006年的统计，华尔街员工的平均年收入是30万美元，如果按华尔街最兴旺时的40万员工计，每年的薪资超过1200亿美元，已经超过了好些国家的GDP（国内生产总值），就更不用提高层们赚到的钱了。举例高盛的CEO布兰克费恩来说，他2006年赚了5340万美元，是当年华尔街薪酬最高的首席执行官；次年，他赚了5398万美元，其中包括年薪60万美元，现金红利2698.5万美元，以及1555万美元公司股票，其余收入为公司的股权。（注：10多年过去了，现在依旧是这样，没有很大的变化。）

事实上，在华尔街能拿到超过奖金平均数的，不是MD（董事经理）以上的高管，就是大牌的交易员、名牌分析师或者基金经理，他们每年的红包动辄百万美元，甚至千万上亿美元也稀松平常，但这些人还不到华尔街总人数的2%。

华尔街的工作就业现状

表面上看，华尔街员工年收入比其他行业高出不少，但他们成年累月每天工作10～12个小时，周末、节假日也经常加班加点。譬如，我这20多年来就是这样的，黑莓手机随时standing by（时刻待命），亲友经常笑称我像妇产科大夫一样……

按照美国其他行业加班费是基本工资的2～3倍来计算，华尔街中下层员工的奖金只不过是“加班费”而已。由于工作压力巨大，有权威调查研究报告显示，华尔街工作10年以上的员工平均寿命缩短5年，拿奖金相比较根本得不偿失，更何况一旦经济不景气奖金就成了遣散费。

因为华尔街工作压力太大，不管是来自什么名校毕业的谦谦君子，本来说话都是很有教养的，一旦进入华尔街后很多都学会用脏话骂人了。华尔街第一线的交易员、基金经理、推销员，从早到晚都像咆哮的狮子一样。

顺便提一下，多年前回国时，我注意到国内好多地方有“华尔街英语”培训班。这让在华尔街混迹多年的我不禁好奇，走进一家去问，“华尔街英语”是什么英语？

可那个销售人员也说不出个所以然。然后，我告诉她，我（当时）已经在华尔街十多年了，华尔街人讲的英文其实非常简单，除了那些金融术语的简称，还有一个最大的特点，就是“f+word”不离口，几乎每句话中都要带一个“f xxxing”。

那个销售人员一听，兴奋地说要立刻告诉她老板，可以请我去做老师，每节课至少100美元（当时100美元不少了）！我回道：“Sorry, I don’t have fxxxing time!”（对不起，我他妈的没时间！）

华尔街的竞争十分激烈，在华尔街裁人也是很正常的事情。

近几年，华尔街更是几乎每家投行都在裁员。在我直接和间接的华尔街朋友中，有30多位丢了工作。过去，找一份新工作只需2～3个月，薪水往往还朝上涨。如今，招人的公司却寥寥无几，找一份华尔街的工作简直难如登天。迄今，那30多位中只有七八位朋友有幸又谋到了新的职位，但薪水大幅缩水；另外有5位朋友在其他城市找到了工作，搬离了纽约；有几位加拿大籍朋友回到了多伦多；还有几位回到了中国；几位年纪大的索性退休；剩下的几位依然在苦苦地寻找工作……

华尔街、硅谷怎么看待“996”工作制

最近，国内有报道说“996激怒全球程序员”，并说“996”在中国司空见惯。报道称，目前国内有40多家互联网公司被指实行“996”工作制，其中包括多家知名互联网巨头。

2019年4月7日，全球编程界知名开发者、编程语言Python之父Guido van Rossum（吉多·范罗苏姆），在Python讨论区也针对中国开发人员“996”工作制发表评论。

Guido向广大网友询问道：“一个星期前，一些中国程序员创建了‘996.ICU’抱怨恶劣的工作条件……我们怎样才能帮助这群（中国开发者）人？”

对此，CPython核心开发人员Senthil（森迪尔）提出了“三条建议”：“首先让大家都意识到这种剥削，然后列出所有执行‘996’工作制的公司，并停止与它们开展业务，最后拒绝这些公司使用Python语言。”

所谓“996”，是指每天工作12个小时（上午9时到晚上9时），每周工作6天。程序员创建的“996.ICU”，意为“工作996，生病

ICU（重症加护病房）”。

不过，这种看似严酷的加班文化真的只有中国独有，还是特殊行业的特殊情况？

1994年，我是以程序员（华尔街叫金融软件工程师）的身份闯入华尔街的。当年，华尔街别说中国人了，白人中哪怕东欧人、南欧人都凤毛麟角，基本上都是“藤校”（常青藤高校联盟）毕业的犹太人和WASP白人（white Anglo-Saxon protestant，泛指欧裔美国人）的天下，能进入华尔街的我心里简直就乐开了花。

当年，我除了拼命写程序，还拼命学习金融知识，争取不断地朝金融主业转，别说“996”了，“997”甚至“8107”（早上8点到晚上10点，一周7天）都常有，恨不得住在办公室。同时，这种“996”是我自愿的，也是所有华尔街人自愿的，不愿意的人也不会进来（相信硅谷人也一样）。况且，华尔街人的收入是美国人平均收入的四五倍甚至更多。华尔街人一般最多做到40岁，等头发掉完了也就到了early retirement（提前退休）的时候，没人抱怨，也没什么好抱怨的，完全是自找的，找不到反倒不“开心”了……

其实，据我所知，“996”不但是华尔街人的常态，更是硅谷人的常态。所以，我不太明白硅谷人提出的“三条建议”是真心的吗？但凡做过金融、做过“码农”的都很清楚，硅谷（高科技的代表）、华尔街（金融界的别称）是特殊行业，在那里就业就得自愿付出，当然同时也会得到相应的回报。

因此，无论怎么看Senthil的“让大家都意识到这种剥削”的言论，都像是在反讽调侃。

不过，我不了解国内的情况，不知国内那些被“激怒”的程序员在进入那些公司之前是否有人“警示”过他们？如果他们事先知道这种工作制，也就没啥好抱怨的；但他们要是不知道，而是公司早已形成的惯性，也就更没必要抱怨了——不愿意干，不必怒，退出不干就是了。

当然，如果收入和付出不匹配，那就是明显的剥削了。在这种情况之下，他们申诉就是合乎情理的。

特别需要提醒的是，如果企业把“加班文化”异化成为一种强加给普通劳动者的潜规则，把劳动者的“无私奉献”当作理所应当，并逃避薪酬体系的约束，那就应该让劳动监察机构关注了，不能让劳动者的汗水白流。

总之，职场本来就是双向选择，有些行业是有特例的，在竞争激烈的国内市场更是如此。所以，希望人们在进去某些特殊行业之前，特别是新毕业生，要做好充分的心理准备。

马尼拉华尔街跳槽记

我在华尔街十大投行CSFB（瑞士信贷第一波士顿银行）工作时，部门里有一个“first-tier support team”（第一线支援小组），专门负责管理公司的全球证券交易系统。也就是说，只要世界各地的股市还开着，组里的员工就必须全天候standing by，要像妇产科大夫那样随叫随到。因为，这套系统是供瑞信全球的交易员使用，不能有任何差错。在那次纽约大停电时，这套系统也只停止运行了10分钟，备用的系统就开始运行了。可就是这短短的10分钟，公司也失去了上千笔交易，损失了100多万美元。

那个组里有个菲律宾人，也是华裔，大概是因为他在马尼拉出生，他父母给他起名“马尼拉”。马尼拉留学美国，一毕业就进入瑞信，可谓顺风顺水。起先，他和美剧*Friends*（《老友记》）里那几个年轻人一样，在曼哈顿租了一套公寓，跟两个同学share（合租）。后来，他结了婚，有了一男一女两个孩子，便逐渐将那两位同学“赶”了出去。又过了几年，他收入不低了，便再也不甘心租房而住，而且还想买个大房子实现“美国梦”。但曼哈顿的房价绝非工薪阶层所能负担，于是只能以时间换空间——在纽约上州买了一栋大房子。搬了新居不久，马尼拉高兴地请我们公司好些同事去“闹新房”。

可是不久他才发现，这样的生活太痛苦了。他每天早上5点不到就得起床，先开车到住家附近的火车站赶头班火车进城，到了曼哈顿再换乘地铁，2个多小时的路程里要使用3种交通工具。每天上下班的路上用去4～5个小时，正常工作需要10个小时。如果半夜三更电脑系统出意外，他还必须开车往曼哈顿赶，更加苦不堪言。

于是，马尼拉准备跳槽换工作。没想到的是，他很快找到了更加适合他的工作。

一天，在公司的餐厅里，他大老远就笑嘻嘻地招呼我，坐定后兴致勃勃地告诉我说，他找到了一份好差使，是一家对冲基金公司，工资猛涨3万美元不说，还可以在家上班，属flexible work schedule（弹性工作制），干好了奖金还大大的。

对马尼拉来说，新工作的确太合适了，这样他的太太可以安心外出上班，他自己还可以接送两个孩子上下学，而且以往10个小时的工作如果手脚快点5个小时就干完了，就算电脑系统晚上有意外，电话和电邮处理两个多小时也就搞定了。毕竟夜晚不用交易，即使出了问题，只要在第二天上午9点半华尔街开市之前解决问题即可，也就无须半夜开车外出。

后来，马尼拉工作的对冲基金公司生意兴隆，也做起了全球的证券交易。与在瑞信之前一样，马尼拉晚上也要support（维护、支援）了，真有点儿好景不长的感觉，好像好日子又要到头了。幸好，柳暗花明又一村。不久，公司决定在亚洲设点，而且就在马尼拉的老家菲律宾。马尼拉的老板知道他从菲律宾来，便任命他为菲律宾部技术主管，全权放手由他负责建立菲律宾的技术架构，包括建立全套的网络系统、招新人和培训助手。那段日子，马尼拉老家、新家飞来飞去，在菲律宾老家俨然半个老板当家做主。虽然忙得头昏眼花，一个月老婆孩子见不到几天，但他知道这只是暂时的，一旦菲律宾分部顺利运行就轻松了，于是他依旧忙得不亦乐乎。

6个月后，老板飞到菲律宾检查工作，在一家餐厅听马尼拉汇报工作：如何招来他颇信任的两位大学同学；如何根据自己以往精心记录解决系统出现的常规问题；如何听懂交易员的行话；如何与交易员沟通等，全都无保留地传授给了新助手。菲律宾分部可以顺利开张了。看到马尼拉在短短6个月做出如此的成绩，老板自然心花怒放、赞不绝口，微醺中脱口而出："好极了，好极了！这样一来公司成本将大大降低，在美国雇一个人的钱在这儿可以高薪雇6个人。"马尼拉说："是的，是的，我保证他们一定跟我一样，绝对会尽心尽力让公司满意。”老板大笑道：“那岂不是皆大欢喜，哈哈！”老板不停地夸奖马尼拉，猛拍胸脯说年底不但给他个大红包，而且还要升级加薪。

马尼拉回到纽约后，菲律宾的两位老同学果然不负众望，一个白班儿，一个夜班儿，配合得相当好。如此，马尼拉的工作也越来越轻松，他得意极了。再过一个月就要年底，马尼拉眼看大红包到手可以过个好年，他答应孩子去迪士尼玩，允诺给老婆一个大钻戒。

一天大清早，马尼拉在家中接到了老板打来的电话。老板声音低沉地通知马尼拉：“非常遗憾地通知你，从明天开始，你就不用上班了……”

其实，马尼拉的遭遇不是个例，这些年在华尔街时有所闻。由于世界经济全球化，“地球是平”的，水往低处流嘛。对于华尔街来说，人力资源是公司成本中最大的一块。也就是说，纽约的职位将大量转移到第三世界国家，而凡是能在家中上班的位子，那更是都将率先外包。华尔街各大公司早在10年前就开始将大量的信息技术职位迁移到印度、菲律宾、新加坡等人工相对低廉且员工素质可以和美国员工相媲美的地方，特别是这两年的金融海啸使这种趋势愈演愈烈，势不可当。据统计，截至2015年，美国将有300多万信息技术专业职位移出海外。

马尼拉下岗后后找了10个月工作，好不容易得到一份新工作，与原来一样做第一线的support，又是每天24小时standing by，而薪水却只是原来的75%。

胡大姐奇异下岗记

华尔街竞争一直很激烈，各公司裁员是经常的事情。我在北美生活了20多年了，回想起来能一直在华尔街同一家公司工作时间超过5年的朋友并不多，但是也有例外。

记得2009年8月7日，美国劳工部曾经颁发了当年全国就业状况的报告。报告指出，7月全美非农业工作职位又流失了24.7万个，虽然比前3个月的平均数33.1万下降了许多，但失业率依旧高达9.4%。许多行业的就业前景依然不乐观，特别是贸易批发、交通运输、仓储和金融行业这些领域，未来还将继续失去工作职位。26日，美国亚特兰大联储主席丹尼斯·洛克哈特指出：如果把找不到工作的人和工作时间少于要求的人加起来，美国失业率将高至16%。

众所周知，金融海啸是华尔街惹的祸。自2007年金融危机爆发以来，我原来在华尔街工作的朋友将近1/4不幸被裁员，重新找工作的路途很艰难；就算幸运地回到原来的金融领域，薪资至少减少20%～30%。所以，每每读到美国失业率高居不下，我总是免不了为我昔日的同学、同事和朋友捏一把汗，可事情往往就是这样，越怕什么就越来什么。那年，我纽约的朋友胡大姐就面临了下岗的“不幸”遭遇。

胡大姐是我纽约市立大学的校友，40岁时才“陪着”丈夫出来。胡大姐的丈夫攻读电脑博士，由于获得全额奖学金，她不用打工贴补家用，可待在家里又觉得无聊，便也赶时髦进学校读了几门电脑课程。她毕竟岁数大了，原来又是文科出身，她的电脑学位读的是真够累的。好在胡大姐的丈夫能力超群，但凡稍有难度的作业，她都请丈夫代劳了。

毕业后，大家都以为凭胡大姐的编程水平找工作肯定很难。可是没想到，她非但找到了工作，而且还闯进了华尔街，在一家中型投行的人事部谋到了一个HR（人事）的职位。原来那家投行新买了人事管理软件，需要加一些特定的features（特性），人事部的上司不懂电脑，面谈时看着胡大姐顺眼，便聘用她做助手，试用期3个月。

胡大姐正儿八经上班了。资料档案的事儿难不倒她，上司稍微一说她便心领神会。如果遇到编程，老样子——把程式带回家，第二天再将丈夫前晚写好的code（代码）带到公司依样画葫芦打进电脑。3个月试用期一过，上司希望她立刻转正，还答应送她出去修几门HR的课程。正中下怀，胡大姐别提有多高兴了。

在华尔街，员工的turnover rate（流动性）是各行业中最高的，进进出出平均3年一轮。胡大姐虽然工资不高，却做得得心应手，不知不觉中居然过了15年。在此期间，她的上司，甚至上司的上司都已经换了好几轮。胡大姐的朋友们也劝她跳槽，那时在华尔街懂点电脑的，每跳一次至少加薪5000美元，加个1万～2万美元的也时所有闻。可是胡大姐有跳槽的顾虑，做生不如做熟，不能为了多加几千块钱就把好好的工作弄丢了。所以，当大家聚在一起时，她时常说笑："华尔街是铁打的营盘，流水的兵，只有我是铁打的兵，实属奇迹。"

胡大姐眼看再做五六年就可以退休了，不幸的是金融海啸来了，危机使公司的境遇每况愈下。这一年来，胡大姐忙极了，2000多名员工陆续裁了30%，平均每天送走好几个同事，而她不但要准备文件，面对哭丧着脸的员工时还要做好安抚工作，忙得她手忙脚乱，整整一年无法休假。

一天，上司给胡大姐安排了助手，是个新毕业生，让她好好儿培训。时间过去了3周，当那天大清早她兴冲冲地到公司后却被自己培训的新手告知：对不起，你被裁员了！以往，这句话都是她对别人说的，没想到自己也会有这一天。

幸好，那时胡大姐的丈夫总想回国发展，因为公婆年纪大，行动不方便，非常想儿子在他们身边；胡大姐的孩子也大学毕业，已在纽约自立不需要他们照顾。此时，胡大姐的丈夫恰巧刚获得国内的聘书——在一所大学做教授，可碍于胡大姐的这份工作，对是否海归正处于两难间。这下好了，胡大姐反正没了工作，干脆跟着丈夫一起回国吧。

当胡大姐打开离职的package（severance package，离职补偿遣散费），注意到她的遣散费竟然相当于4年半的薪水。在HR干了这么些年，她最清楚人事规则了，遣散费应该是每工作1年给3周的薪水，工龄超过3年再加一周，6年的话就再加两周，以此类推。按胡大姐15年的工龄计，本该是“15×3+5=50周”，公司最多该给她发差不多一年的薪水而已。

后来，胡大姐想大概是公司开恩，看在她兢兢业业干了15年的份上，特别优厚她吧。回到家中后，胡大姐和丈夫还高兴地跳起了探戈舞，之后他们便准备尽快回国。

可第二天一大早，胡大姐接到了前上司的电话，说是由于电脑故障把遣散费的计算弄错了。听到这儿，胡大姐的心里“咯噔”一下，难道公司要来“追债”？只听上司接解释道，既然双方都签了字，公司绝不反悔，不过假如她选择回去上班，裁员决定作废，并且保证只要公司不倒闭，她能做到65岁退休。

以胡大姐过往的工作经验看，她清楚之所以裁她完全是因为她的工资比新毕业生高，如果答应回去上班，新来的毕业生肯定被裁掉。她想既然和丈夫已经做了决定，还可以给别人工作的机会，自己又没有任何损失，便客气地一口谢绝了上司，说全家准备回中国了。上司没辙儿，最后提出一个要求，请她回公司将电脑程序中那个bug（漏洞）消灭掉。

第三天，胡大姐去原公司打开电脑仔细一检查，发现这个bug是她自己在15年前“创造”的，更准确地说是抄她丈夫的。不过，竟然鬼使神差地抄错了一个符号。程序中有一行计算工龄超过15年的员工遣散费，她把其中那个加法符号“+”写成了乘法符号“×”，即15×3×5=225周。

在这些年里，公司裁员的员工中也只有胡大姐一个人的工龄超过15年，真是“因祸得福”……

中年被裁员怎么办

我的一位远房亲戚周德志来到美国读书时刚好20岁，从硕士念到博士毕业，专业是当时非常热门的电子工程（double E）。1996年，他进了美国的跨国集团通用电气公司，在总部康涅狄格州的费尔菲尔德上班。这是周德至的第一份工作，也是迄今为止他在美国唯一效力的公司，工作是开发电子产品。

通用电气分能源、技术基础设施、金融资本、消费与工业产品四个部分，每一个部分本身就是一个庞大的企业，其许多业务甚至都可作为一个独立的公司，甚至“财富”排名世界500强之列。随着时间的推移和业务的变化，通用电气不断地经历着收购、资产剥离与重组。其中，收购案大约789宗，涉及261家公司的股份，而与此同时资产剥离案则共有619例。

在几百次的收购与资产剥离的过程中，通用电气这个全球最大的跨国集团，由于劳动力市场日益国际化，在过去10年中通用电气关注海外市场远胜于美国本土，也越来越依赖海外销售。自2001年以来，通用电气在本土裁员2.5万个工作职位，却在海外增加了2000个就业机会。在如此的大背景下，噩运终于降临到了周德至的身上，他在2011年3月不幸被裁员了。

此时，周德至刚刚迈入中年，正好40岁，在通用电气工作了15年。一夜间，周德至发现他6位数的年薪没有了，除了领取15年来为公司效力的遣散费（约10个月薪水），每周仅有400美元的失业金（能领取6个月），而他要用这些钱来支撑四口之家，要还银行的房贷，更需要购买一份健康保险。不过，当他去私营保险公司咨询时，却被拒绝了，因为他胆固醇太高，有诱发心脏病的潜在风险。同时，私营保险公司每月的家庭保险费也高达约1100美元（视各个保险公司不等，这还不算最贵的），占据了失业金的2/3还要多。

相比之下，在加拿大这个全民健保的国家里，虽然其全民健保体系只是cover（承保）大病、急症以及海外急症等（慢性病和一般小病的处方药都需自己负担，只有65岁以上的老人才可以享受全保，也就是说看病吃药无须花一分钱），但也使得加拿大人即使丢了工作生大病也根本不用担心（有政府承担），而生小病自己还看得起。

在加拿大，公司往往还为员工另外购买私人保险，叫Extended保险（员工每个月也需要自付部分费用），则是在全民健保系统之上的附加保险，一般能cover处方药、看牙、配眼镜、推拿等其他全民健保不cover的费用。当然，通常也并非100% cover。例如，低密度脂蛋白胆固醇（简称LDL–C）对动脉会造成损害，容易引发心脏病，所以在全民健保体系里不cover胆固醇处方药，必须由自己100%负担，而全民健保费用只包含验血、看报告等；但另外购买的私人保险则可以cover高达80%的药费。

俗话说，天有不测风云。加拿大的全民健保体系至少能避免大风大浪，但是在美国的周德至就没那么幸运了。他不但医疗保险没买成，而且连续找了9个月工作，总是高不成来低不就，非常焦虑。这种焦虑情绪不难理解，因为美国人的积蓄通常都少得可怜（周德志在美国这么多年，早就成了大半个美国人），失业保障期限也非常有限。失业前公司每个月为员工购买健康保险（员工自付几十到几百美元不等），失业后原先的保险最多延用3个月（此时公司支付的部分也必须自己负担），之后就什么保险都没有了。在美国没有医疗保险的人生了病，一下子就从中产阶级变为穷人，就像中国人常说的“一夜回到旧社会”，不像在加拿大生了大病有政府担保。

事实也的确如此，像周德至那样的不幸失业者并不在少数，而接近两位数的失业率使当时的奥巴马政府感到了压力。但是，出于政治目的而非经济目的制定的政策，对改善失业率是极其有限的。例如，QE1和QE2（第一轮定量宽松货币政策和第二轮宽松货币政策）的刺激经济政策，只解救了华尔街，资金远未流入企业，这也是企业不敢雇用新人（当然还另有其他原因）的主要原因之一。

特别值得一提的是，美国薄弱的社会保障体系，与其他工业国相比，美国民众对经济下挫的忍耐度更低，其最大的差别就在于失业金的水平相差甚远。据一项综合研究表明，在1989—1994年，美国的失业金不仅低于欧洲大陆各国（美国为失业前薪资的50%，德国为63%，法国为57%），而且美国只提供6个月失业金，但法国是3年，德国是无限期一直可以拿。1994年之后，德国进行了社保体系改革，将失业金的持续时间缩短为1年半，但上调了工资替代率，而美国则一如既往，无丝毫改变。尽管美国失业保险的覆盖率达到90%，但只有40%的失业者在面临失业时能领到失业保险金（因为有些人可能工作年限不足，有些人自动离职，有些人卷入劳务纠纷，但也有幸运之人或许还在申请失业金时就已经找到工作了）。

由于美国不像欧洲大陆和加拿大等国有全民医疗体系，以及廉价的私人医疗保险，美国的失业者一旦丢了工作，当然就更加焦虑了。即便个别人有经济能力支付巨额保险费，私营保险公司也未必同意让你投保。因此，当经济危机来临时，美国政府会力图保留现有的工作岗位。例如，在2008年金融危机爆发之初，美国政府联合加拿大政府为汽车制造商提供了大量的资金，目的就是挽救几百万工人的就业岗位，不能让汽车行业崩溃。在美国和加拿大，通用汽车和克莱斯勒获得资金的前提条件是必须重整公司的结构，该裁员的岗位毫不留情，结果汽车公司避免了倒闭的命运，规模却缩小了许多。在法国，相同的情况之下却是在政府的贷款期限之内不得关闭工厂和不得裁员。

相比而言，北美与欧洲大陆的经济体制和社保体系是有所差异的。北美（特别是美国）注重在经济衰退时迅速进行企业结构调整（在关闭企业的同时，也会创立许多新公司），而领取失业金的时间短和不健全的医保体系，是希望能激发人们的斗志，或迫使失业者积极地去寻求新的工作。

记得几年前美国官方公布了一个“好消息”，全国11月的失业率为8.6%，与10月环比下降了0.4%（所谓的“失业型复苏”）。这个8.6%的数据是来自美国政府每月例行的失业抽样调查，惯称U–3失业率。但事实上U–3失业率的准确性非常低，像周德志这种情况甚至已经不计入在内了。据Shadowstats（全称Shadow Government Statistics，简称SGS）网站的分析，事实上，那时美国真实的失业率其实是22.6%，接近U–3的3倍。

显然，欧洲大陆的社保体系和经济体制也有其优势，它让人感到生活有保障。因为工作越稳定，就越不需要失业金，即便失业了也照样可以相对放心地去消费，以优厚的福利制度进学校接受再教育，然后重新出发寻找新工作。

因此，对于中国来说，可以借鉴这两种经济体制和社保体系，因为每一种体制都不是完美的。改革开放40年来，随着中国财富日益增加，在人民生活水平逐年改善的情况下，特别是在应对当今世界经济可能面临的大萧条之际，说刺激中国经济的关键在于完善社保体系是不为过的。

目前，中国经济正处于转型期，出口渐渐开始萎缩，房地产正面临调整。与此同时，中国的教育制度和医疗制度的改革，又使得每个家庭都必须储蓄，以防“一人生病全家贫困”的境遇发生。因此，如果没有完善的社保体系，只依靠消费拉动内需是不可能的。

美国的医保状况

美国是西方唯一无全民医保的国家，仅老人和极低收入的穷人才享有政府提供的健康保险。据美国人口普查局（The U.S.Census Bureau）公布，2009年有16.7%的美国人无任何医疗保险，人们自掏腰包支付的医疗费用包括医生诊断费、手术费和处方费，每年需要2940亿美元，其中740亿美元是由信用卡支付的。根据非营利协会基金组织（Non-profit Commonwealth Fund）提供的数据，已有超过7900万美国人挣扎在无法付清医疗账单的漩涡中。在美国一项涉及五个州的个人破产的调查中显示，2007年因无法承担医疗费用破产的个人占46.2%。高昂的医疗费用，使美国的人均公共医疗开支居世界第三高。

因此，对于几年前奥巴马的医保计划遭众议院废除，可以说是有人悲来有人喜。

当年我留学美国期间，有一个同学生病，经医生诊断需要动个小手术，费用“不高”，1万美元而已。可这笔钱对我们当年的穷学生而言，是不可承受之重。结果，那位同学回国治疗，连机票外加医疗费，只用了1500美元。

但我另一个同学的男朋友，就没那么幸运了。他开始觉得身体不适，以为是“偶感风寒”，自己随便吃了些国内带的药；待感觉越来越不舒服时，因苦于没有医疗保险不“敢”去就医，以致病情越拖越重，一直拖到准备结婚的前一晚时却突然失聪了。赶紧送进医院一查，原来他得了白血病。医生告诉他，如果发现得早，他是能够治愈的。可惜送医太晚，结果他命丧异国他乡。

当这一悲痛的消息传开之后，朋友中有人感叹：假如事情发生在英国，结局不至于这么悲惨。据那个朋友称，英国实行全民医保，医保计划不但针对本国公民，也包括留学生和居留在英国的人，不论年龄、性别、种族、性倾向和宗教信仰，看病都不需花钱（金融危机后，英国的健保法律可能有所改变），89%的处方药可免费索取（尤其对老人、孩子和孕妇），即便未达到免费索取的标准，再贵的药只需缴纳7.20英镑即可领取。

因此，不少美国人希望美国能像其他西方国家一样建立全民医保体系。在克林顿执政期间，曾想推广全民健保，为此克林顿还专程到加拿大取经，但最终还是不了了之。其实，我的同学中不少人移民加拿大，为的就是加拿大的医保计划。

不过，任何事物都是有人忧有人喜。在美国，也并非所有人都赞成全民医保。虽然推行全民医保是奥巴马竞选时向美国人民许下的诺言，这也是他当上总统的原因之一。但他签署的医改方案一直备受争议，就在众议院通过废除医改法的议案时，反对奥巴马医改方案的浪潮也随之掀起。

就美国现有的医保体系来说，曾被称为“这个国家所做的最好的事物之一”。美国政府1965年创建医保体系，当时是每6个就业的美国人支付一个医疗保险受益人。可如今，由于社会老龄化，变成了4个就业的美国人支付一名医疗保险受益人，特别是当前“婴儿潮”已陆续进入退休阶段，医保体系的前景也越发暗淡。

由于美国的医保体系饱受诟病，在现有医疗体系下，已有数千万民众无医疗保险。但奥巴马和民主党人推动的医疗保险改革，会使医疗费用变得更高，导致联邦赤字进一步膨胀，终将不堪负荷。奥巴马政府所承诺的在目前基础上对医疗保险再追加34万亿美元的投入，相当于再发动30场伊拉克战争。随着金融危机的进一步深化，美国医保体系的缺陷也日益显现。据专家称，美国现行医疗保险体系是对年轻一代的掠夺。当今天的青少年步入退休年龄之前，美国现行的医保体系注定将分崩离析。从这个意义上来讲，美国当前的医保体系就好比一个巨大的“庞氏骗局”。

如此，美国连现有的医疗体系都难以维系，更何况全民医保了。其实，羊毛出在羊身上，天下没有免费的午餐。现在，实际上好多国家的全民医保均已无以为继。

既然在美国无法享受全民医保，那大多数人的医疗保险主要还是依靠企业和雇员共同负担的商业医疗保险。有数据显示，美国人均拥有6～7张保险单，保险已经深入美国人生活的方方面面。

从2014年起，奥巴马医改法案规定，所有美国人都必须购买医保，企业主必须为雇员提供保险，否则将被罚款。政府则主要通过拨款资助、税务优惠等方式，对医疗资源实施补贴和调配。这种医改法案，强制性地把医保覆盖到全美国3200多万目前没有医保的人，从而实现美国政府全民医保的目标。但美国各地的小企业由于必须为员工购买医疗保险，他们一般要雇用保险经纪人来代理这项服务，而美国市场的医疗服务业内部非常不透明，基本是保险公司说了算。

在美国，保险经纪必须经过考试获得执照，一般被分成两类：一类是代表投保人的保险经纪人（insurance broker），一般与保险公司没有合同协议，仅与保险“运营商”以直接的方式进行商业交易。这种通过经纪人获得的保险，对投保人来说是极其有益的（与那些从保险代理人那儿获得的相比）。

另一类是走传统的保险经纪路线——独立保险（销售）代理人（independent insurance agents），通常出售各种保险和金融产品，包括财产险和人身意外伤害保险、人寿保险、健康保险、残疾保险、长期护理保险。财产保险代理人销售保护个人和企业的保险单，覆盖车祸、火灾、盗窃、风暴等；对于企业来说，也涵盖职工工伤赔偿保险、产品责任索赔，以及医疗事故索赔。

独立保险代理人通常代表多家保险公司或保险“运营商”，出售最适合并满足客户需求的产品。他们都训练有素，通晓知识渊博的保险市场和保险法的复杂性。他们的专业知识，使他们能够提醒客户注意有关自身的特殊需求、适当的保险数额，以及保险的覆盖范围。

通常情况下，独立保险代理人与保险中介机构挂钩，中介获得来自多个保险供应商的报价，传递给他们的独立代理人，并允许独立保险代理人审查通过的报价，提供最佳的保险单选项给他们的客户，然后收取佣金。

举例来说，如果一个客户第一年购买1000美元的人寿保险，代理人很可能赚取600美元，年底另有1200美元的奖金，不包括在未来几年保持保单的奖励，如旅行和佣金等。

2013年，健康保险业资深人士鲁迪-加西亚（Rudy Garcia）成了独立保险经纪人，并在洛杉矶开了自己的公司——加西亚保险顾问公司，以准备迎接美国新的医改法案。他大约有40家小企业客户，大部分公司员工都少于50人，专注于帮助客户应对平价医疗法案的复杂规则。

美国保险的反回扣法

火箭般的发展速度与亮眼的业绩吸引了各路人马的注意，前Yammer公司的创始人大卫-萨克斯，更是于2014年12月加盟Zenefits公司成为运营官，而且萨克斯是以投资者的身份获得Zenefits公司董事会席位的。虽然他不愿透露投资总额，却告诉朋友说："这一次是我为初创公司所做的最大投资，它代表了我对这家公司的承诺。"

然而，即便Zenefits公司招募到了像萨克斯这样的大能人，也不能保证他们不遭遇麻烦。

最近，Zenefits公司的CEO康拉德受到犹他州保险部指控：因Zenefits公司以新技术为基础的商业模式，奉送犹他州的公司免费人力资源服务，违反了犹他州的反回扣法规，打破了犹他州原有的保险经纪现状。为保护犹他州现有的保险经纪业务，2014年11月犹他州启动了禁止康拉德开展业务的法令，否则将面临10万美元罚款。

事实上，Zenefits公司离关闭在犹他州的合法经营仅仅一步之遥了。与此同时，犹他州众议院和劳工委员会已经投票通过，要帮助解决基于云（cloud–based）的人力资源软件监管问题，该法案很快将递交给州参议院审议。

在美国，反回扣法几乎存在于每一个州，以防止保险公司提供“甜头”进行保险交易，如经纪人不能以提供昂贵的电视机作为保险交易的一部分。但是，Zenefits公司是以提供免费的人力资源软件作为换取销售保险的诱因，虽然Zenefits公司在提供免费软件的时候并没有要求客户一定要购买保险才能免费使用软件。

类似的案件后来又发生在得克萨斯州、威斯康星州和华盛顿州，他们的保险监管机构在解读“免费产品”时也认为是购买保险的一种诱因。但犹他州是唯一例外的一个州，对于什么是“诱因”的措辞相比其他州在语言上更为强烈。对此，Zenefits公司回击了犹他州保险部，称他们这种解读所发送的信息是——“犹他州保险监管机构对创新是敌对的”。

所幸，犹他州是全美唯一一个州抵制像Zenefits公司那样的商业模式。目前，州议员正倡议一条法律：保险经纪人可以提供免费或低于市场价格的服务，只要没有义务购买保险。假如这条法律获得通过，那么Zenefits公司就将关闭在犹他州的业务。

北美社保基金怎么用

首先，必须澄清的是，在北美，类似中国社保基金的那部分养老金，基本上是不投入股市的，至少是不进入二级市场的。尤其值得注意的是，中国的有些专家可能将美国的“社安金”和“个人退休金”的概念混淆了。

例如，美国和加拿大的“联邦公共养老金”（如美国的social security，社安金；加拿大的Canada protection plan，简称CPP），类似中国的社保基金，那是严禁入股市的。美国的401K（美国的养老金计划）和加拿大的RRSP，其实只是部分中产阶级的个人退休金，这和第三类（自愿性个人养老金）的区别只是延期征税而已，特别在rollover（转移）之后便在自己的个人账户中由自己管理并可随意投资。

然而，在美国真正拥有401K的退休人口只有5000万～6000万人，仅约占总人口20%而已（加拿大情况也类似）。也就是说，绝大多数的美国人和加拿大人，退休之后是依赖社安金或CPP生活的，这一点和中国类似。

在这里，巴菲特的理财名言和要诀可供我们参考：第一是安全，第二是安全，第三还是安全。实际上，连一般理财都必须安全至上，社保基金就更该如此了。因为，社保基金关系到每个人的病痛、失业和养老，更关系到家庭的幸福、社会的安宁。从这个角度来看，安全比增值更重要，那是每个人退休之后养老的钱，看病的保命钱。

退休后有什么保障——北美人怎样退休

近年来，虽然美国经济持续复苏，可“啃老”已不再是短暂的社会现象，而是社会发展的一部分了。当今，美国20～30岁的年轻人中超过1/5蜗居在父母家，其中60%的需要父母的金钱支援，而上一代只有1/10的人会在困难时暂时搬回家住，并几乎很少向长辈拿钱。

根据美国《纽约时报》的报道，“啃老族”主要是20世纪80年代末及20世纪90年代初出生的年轻人。他们的生长环境刚好是美国房市崩盘时期，使这群刚踏入社会的大学毕业生变成有史以来背负最多负债的新鲜人，从而导致美国人的退休年龄越来越往后推迟了。

据统计，大多数美国人退休后的收入，相当于他们退休前年薪的65%左右。也就是说，按目前美国人退休时的平均收入5万美元而言，大多数美国人退休后的年收入大约在3.25万美元上下（包括社会保障福利、退休储蓄提款，以及其他资金来源）。美国人的所有退休金来源中特别值得一提的是，1981年美国政府创立了401K，这是一种专门适用于营利性私人企业的tax defer（延后纳税）退休账户。由于美国政府将相关法律制定在*Internal Revenue Code*（《国税条例》）第401K条中，故简称为401K计划。这是一个员工自愿从工资里扣款和雇主match（捐助匹配）相结合的协议计划，其中雇员投入自己的金钱不能超过一定的上限，公司捐助部分一般是雇员工资的4%～7%，直到该雇员离职。

401K开户存的退休金最大好处是延迟纳税，同时雇主的match部分是一大福利。雇员投入401K的上限按通货膨胀指数，每年增加

500美元左右，如2006年可以存1.5万美元，而2007年便可存1.55万美元。这笔钱暂时不用扣税，而且其增值部分也不用征税，只有到了59岁半以后，等你取出来用时才扣税。这样，一来到那时你的收入已经不那么高了，征税的比例就大大降低了；二来这些年你的那笔钱已“利滚利”翻了好几番了。如果你存足的话，按目前的最高存入金额和最高的所得税率计算的话，可以让你每年少交税高达6000多美元，故号称是政府“给中产阶级最大的礼物”。

正常情况下，每个美国人到了退休的年龄，单单他们401K里的存款就应该有40万美元左右，还不包括其他形式的存款。实际上，一个30岁开始工作的人，只要每个星期省下喝咖啡和可乐的钱，就可以达到这一存款目的。例如，我公司里的有些同事不愿意喝公司里提供的咖啡，嫌味道不好，喜欢到星巴克去买来喝。他们早上两杯、下午一杯，一天花6美元，一个星期就是30美元。如果他们能下决心每个星期把46美元放在一边，一年就可以存2400美元。如果把2400美元的支票存到401K账户里，假设每年的回报率是8%，35年后这笔钱就相当可观了，最后就有458 776.50美元。按“理”说，一般美国人退休后全应该是百万富翁，但事实上绝大多数美国人并没有充分利用这个美国政府给他们的“礼物”。

在美国2008年次贷危机爆发前夕（2007年4月11日），CNN（Cable News Network，美国有线电视新闻网）公布了一项“雇员福利研究协会”关于退休自信心的调查报告。据调查报告显示，在50%的年龄在35～44岁的美国人群中，包括1/3年龄在45岁以上的美国人，存款账户上只有不到2.5万美元，而25%的人甚至没有一分钱存款。

当然，预计退休花费可以说是更具挑战性。一般来说，退休后的许多开支会比工作时要少，但也可能带来新的开销，有些花销可能是你跨出公司大门时完全想象不到的，或许不是你预期的。

美国人可以挥手告别的费用包括：工作时被扣除的6.2%的社会保障税，以及1.45%的医疗保险税等，既然没有了工资收入，也就不必抵扣纳入退休计划的工资收入税。此外，上班族为退休预留的7%的工资，既然已经退休，也就不必再为退休储蓄了。

另外，退休之后不用上下班，花费在汽车上的汽油、停车和折损费用，也相应减少了。更妙的是，一些公共交通系统会对退休人士提供很大的折扣，只要退休人士挥一挥medicare（美国老年医疗保险）卡就可以了。同时，一旦退休，服装费也相应减少了，可能仍然穿着时髦，但不必再补充上班的衣服，省却了不少的干洗费。

还有，不去公司上班后，疾病伤残保险也不必支付了；如果本人去世后没有“负担”（需要资金抚养家人），连人寿保险都可以不用买。根据“全球金融扫盲卓越中心”的数据，年龄在56～61岁的美国退休人士，大多都还有大量的房屋抵押贷款债务。但有幸还清房屋贷款的人，就少了这一大块退休收入支出。

不过，对于美国的退休人士来说，有些费用则不可避免地上升了。例如，医疗保健费用，无论是选择公共医疗保险或私人医疗保险计划，一旦退休便不得不支付保费的覆盖范围，自付的医疗费用也将比工作时由雇主提供的健康保险计划更多。

旅行将是退休生活最好的休闲，这时的假期就不再仅限于几个星期了；看望儿孙、探访亲戚朋友，退休后有无数的时间任由支配。如此一来，花费当然也就水涨船高，一不小心流出去的钱就会超过自己的预算。同时，美国人又个个都有业余爱好，如女人喜爱养花、手工和烹饪，男人爱在车库摆弄机械，以此来放纵自己的闲暇时间，这意味着将花费更多用于购置设备、用品或者学习上课。

上述看得见的费用还可控制，但消减购买力的通货膨胀，即使按照今天的步伐在低位继续行进，也将逐年增加美国人购买商品的支出。例如，家居装修费，如果选择继续住在老房子里，随着年龄的增长，为安全起见最终可能要增加洗澡间的扶手，或加宽房门以容纳轮椅通行，甚至更换取暖炉、热水器、窗户和屋顶都是一笔不小的开销。

令中国人看来不可思议的是，美国人工作时存在退休基金的钱（包括雇主参与提供的退休计划），存进去时暂时是不用扣所得税的，但是到了退休后开始提款时“山姆大叔”就不客气了，该缴纳的税款一分不能少，依然要缴纳所得税。

同时，白领阶层原先享受的公司津贴，如雇主提供的汽车、笔记本电脑和手机，这些特殊待遇在退休后就只有靠自己买单了。

总之，绝大多数美国人退休后的收入并不能维持他们退休前的生活水准，而美国人本来就没有养儿防老的习惯，却要加上越来越多的“啃老族”，看来“颐享天年”对于美国人来说就是另一个“美国梦”了。

第二章

北美税收面面谈

欧美国家分两类：一是高税收、高福利；二是低税收、低福利。

众所周知，北欧的税收一向是很高的。北欧的个人所得税是北欧政府的主要收入来源，占到政府总收入的49%，而税收是北欧调节贫富差距的利器，北欧政府对富人的征税最高的甚至达到87%。在北欧，一个大公司CEO的年薪税后收入可能和他的秘书相差无几，是典型的高税收、高福利国家。

相比之下，北美，特别是美国，属于较低税收、较低福利。不过，美国的税种多而复杂，同时美国的富人们有很多巧妙的避税技巧。

从掉期交易谈美国富人如何避税

古时候有两个手艺人，一个木匠，一个鞋匠。木匠每天可以做4把椅子，而鞋匠每天可以做两双鞋子。如果让木匠做鞋子，一天最多做一只；如果让鞋匠做椅子呢，一天最多做3条腿儿。在不考虑材料成本费的情况下，如果有一天木匠需要鞋子了，而鞋匠也正好需要椅子了，他们该怎么办？大家一定会说："他们可以交换嘛。"Bingo!（好极了！）

其实，这种以物易物的方式就是SWAP（掉期交易）最原始的概念。亚当・斯密几百年前就指出："如果一件东西自己动手做，比花钱买还要费钱的话，那就永远不要自己做。"

在华尔街，只要你具备comparative advantage（相对优势），也就是"你无我有，你有我强，你强我比你更强"，那就有资格做SWAP，而且什么都可以做：从最普通的利率掉期（interest rate swap）和外汇掉期（currency swap），到所有一切产品。华尔街曾有句笑话，就是——"连老奶奶都可以打包变成美女做交换"。

举个简单的例子，微软在美国生意做得大，信誉级别又高，如果微软向银行贷款，就能够拿到很低的利率，如2.5%；但微软要是在澳大利亚需要向当地的银行贷款，信用度则不足，就拿不到这么低的利率了，至少要5%；而Qantas（澳洲航空公司）在澳大利亚是当地龙头企业，在当地银行则能贷到利率2.5%的贷款。假设Qantas正好需要在美国开拓业务，需要向美国银行借钱，与微软在澳大利亚贷款一样，因为Qantas在美国的信用度不够，也至少要付5%以上的贷款利率。这时，只要微软和Qantas像木匠和鞋匠那样交换一下，就是小case一个，设计一个SWAP就可以搞定。

假设微软和Qantas各需要10亿美元的贷款，微软以2.5%的利率向美国银行借到了资金，然后给Qantas；Qantas在澳大利亚也以2.5%的利率借到了贷款，再转给微软。别小看这样的交换，这样大家都可以省去2.5%的利息——每年2500万美元，岂不是皆大欢喜了吗?当然，华尔街的投行要赚去至少10%的手续费。

不过，上面这种SWAP在华尔街只能算幼儿园的水平。

众所周知，美国和加拿大许多法律的制定全出自英国的common law（普通法），美、加两国承袭了他们的高税收制度。英国的高税收制度就更不用说了，那是一种“劫富济贫”的制度。对富人来说，自愿从一只口袋里摸出钱来做慈善，是出于一种优越的满足感。但像政府那样制定法律，要强行从富人的另一只口袋里去“掏”钱（或许也用在穷人身上），他们就不会心甘情愿。于是，富人总要想尽办法绕过政府，在政府的眼皮底下“逃税”，就像玩猫捉老鼠的游戏，而那种“逃税”得法所得到的心理畅快，大概也能达到极致的兴奋。

例如，当年我在美银证券部时就是做SWAP的，特别是专做CDS（引发2008年金融次贷危机的掉期交易的一种）。2006年底的一天，公司来了一位神秘的客户，她一到便惊动了公司的顶层人物，而我的上司鲍勃立刻被招去开秘密会议。当时人们纷纷猜测是什么样的人物来临，令部门的头头脑脑都鱼尾相连地消失在办公室，几个小时之后又一个个兴高采烈地返回。原来，她是英国皇室成员，“慕名”来公司要求我们帮她完成一笔相当复杂的股权收益掉期交易。

这名皇室成员是著名的慈善家，她在非洲有好几个慈善基金，专门帮助一些非洲国家建学校和医院，不断扩大她的慈善事业。说来好笑，她此行的目的却是怎样善用合法的途径通过SWAP来免交政府高昂的税额。

其实，此类事件在华尔街投行已经是公开的秘密了。在美国，任何一只想卖出的升值股票，都必须缴纳资本增值税。假如不想实现资本增值并缴纳资本增值税，就可以用SWAP来达到此目的，但是你一定要足够富有，因为需要支付给投资银行相当可观的佣金。

从技术角度来讲，用SWAP的方法对银行来说并不会带来市场风险。通过“卖空”并不存在的股票，然后对冲股票收益的风险。如果股价下跌了，银行的收益就减少了，但是卖空股票的负债也相应下降。这种交易就犹如银行取款机一般，取之不尽。

当我们公司接到任务后，会计师、律师和分析师全都大张旗鼓地发动了起来，帮她设计、计算、分析和研究，最后为她量身定做了一项10年计划的SWAP合同。在这笔SWAP交易中，她将在10年内合法地“逃避”5000万美元的税款（听说这笔钱最后还是进入了慈善基金），而我们公司则从这笔买卖里落袋1000万美元，同时衍生产品经纪也将获得一大笔佣金，可谓皆大欢喜。最后，唯有美国财政部和纳税人，是这笔交易的牺牲者。其实，美国的税务局还有美国证券监管委员会（SEC）虽然厉害，可是股权收益掉期不是证券，完全不在证券法监管之列，也就无须向任何人包括税务局去披露。

这种合法逃税的SWAP交易，其复杂程度令人叹为观止。美国这次金融海啸的元凶CDS（credit default swap，信用违约掉期）也是SWAP的一种，在刚出道时其复杂程度只有10个人懂。同时，美联储里没有一个人懂，包括前主席格林斯潘，要他们来监督，不是勉为其难吗？

大家知道，2008年这场金融海啸，华尔街投行贝尔斯登、雷曼兄弟、美林、美国国际集团和华盛顿互惠银行均栽在衍生产品上。其实，早在20世纪八九十年代，美国商品期货交易委员会主席波恩（Brooksley Born）就曾向国会提议对金融衍生品实行严格监管，美国国会就此法案进行了激烈的辩论并长达数十年。

从华尔街的高盛走上政坛的罗伯特·鲁宾（Robert Rubin），对经济的敏感很受克林顿赏识，被克林顿任命为财政部长。鲁宾深知华尔街最渴望的是什么，因此他被华尔街戏谑为“最值得信赖的人”，而他也确实没有辜负华尔街的厚望。1997年，鲁宾联合当时的美联储主席格林斯潘，坚决反对波恩对衍生证券实行监管的提议。

在1999年11月，鲁宾与格林斯潘向国会建议：“永久剥夺美国商品期货交易委员会对金融衍生产品市场的监管权力。”这一建议居然被采纳了，于是才使富人可以通过衍生证券来避税，以至于发生了2008年的金融次贷危机，引发了蔓延全美国的“占领华尔街”的抗议活动。

不过，说到底任何金融工具都只是工具而已，就像手枪既能为我们拿奥运金牌也能行凶杀人，关键要看拿枪的人怎样去使用了。

其实，在日常生活中，我们每一个人都经常在做SWAP，只是大家没有意识到而已。大人物支付昂贵的手续费为“逃”税是SWAP，而我们小人物所购买的健康保险和汽车保险事实上也是SWAP，还包括我们为老板打工和平时在商店里购物的warranty（保用证，又称保证书、保养证，是卖方同意修理或更换已出售货品的协议）也是SWAP的一种。

在我刚到美国时，就留意到但凡在商店里购买商品，店员总会向你推销warranty。我起先自然不清楚warranty的功用，后来渐渐明白就是顾客额外地支付一笔钱向厂商购买保养证，如果在保证期限内商品坏了，担保用户可以得到免费的修理服务，甚至调换商品。

例如，2013年，我和我太太买了一把新椅子，299美元，外带warranty，50美元保5年。结果，从第三年开始每几个月坏一个部件，一个电话过去后厂商就寄个新零件过来，等于5年间又换了一把新椅子。如此，自然是太划算了。

但也有吃亏的交易。前年，我们买了一台笔记本电脑，特大荧光屏，看着很舒服，不过听说其散热系统不过关。我心想，买个warranty保3年，who怕who。一天早上，电脑无法启动了，一查母版烧坏了，便立刻打电话过去。但没想到的是，电脑已经用了3年零6天——warranty已过期。

看来，买家多半儿斗不过卖家呀！也就是说，卖家要和你做SWAP的话，通常是对他们有利。所以，在一般情况下，“购物专家”不建议大家购买warranty。

美国富人要缴的遗产税有多高

美国是实行遗产税的国家，通过对富人遗产的高额征税，来降低不劳而获的接代传富之行为，意在实现代际接替的平等化，不致使富人的下一代过度地赢在起跑线上。征得的遗产税款可以增加联邦政府的收入，从而对弱势群体进行补贴，以增进社会的整体效益。

但是，这一税种的争议一直很大。美国遗产税自1797年首次开征以来便时征时停，税率也起起落落，各派政治力量围绕遗产税的角力至今余波未平。例如，2001年美国遗产税的个人起征点为67.5万美元，夫妇为135万美元，税率是55%；而到了2011年，个人遗产税的起征点改为500万美元，夫妇是1000万美元，税率降至35%；但是到了2013年，遗产税的起征点又调低了，变成了100万美元，夫妇为200万美元，税率却升到了55%。

在1999年和2000年，美国国会曾两次通过废止遗产税的法案。但出人意料的是，反对取消遗产税的主力军居然是威廉·盖茨（比尔·盖茨的父亲）、沃伦·巴菲特、索罗斯及迪士尼的女继承人迪士尼等120名亿万富翁。他们联名向美国国会递交请愿书，反对取消遗产税，并在《纽约时报》上刊登广告：“Please tax us!”（请对我们征税！）。

请愿书中这样写道：“我们的国家面临着抉择——要么我们偿还债务，为未来做好储备；要么我们逃避责任，损害国家的潜力。我们的国家有恩于我们，她为我们提供了成功的基础。现在，我们希望能保持这样的稳固基础，以便他人也能像我们一样成功。请为我们国家做正确的事情，提高对我们的征税吧。谢谢！”

美国富豪之所以会写这样的请愿书，正是美国主流价值观的体现。这些亿万富豪认为，取消遗产税会使他们的孩子不劳而获，令他们的人生失去为社会创造价值的动力，这有悖美国崇尚自我奋斗的社会理念。同时，美国是一个崇尚英雄的国度，就像电影《蜘蛛侠》所表达的主题：“With great power, comes great responsibility!”（能力越大，责任越重！）。

因此，在美国社会，富人多纳税，穷人少纳税，被认为天经地义。根据美国财政部2006年的数据，占5%的美国富人纳税额占联邦政府个人所得税收入的57.1%；而占近50%的低收入群体纳税额仅占所有个人所得税的3.3%。如果取消遗产税，将使美国政府在未来10年减少8500亿美元财政收入，从而减少对社会保障、教育等领域的资金投入。虽然遗产税只影响美国不足2%的最富裕家庭，但假如取消遗产税，全体美国人都将付出代价。

不过，在任何一个社会里，人的境界不可能都一样。有的富人境界高，如超级富豪比尔·盖茨，他在遗嘱中宣布“把580亿美元财富中的98%拿出来，创办‘比尔及梅琳达·盖茨基金会’”。当然，这一庞大的基金享受了全部的遗产税豁免。但有的富人为了一笔遗产是否该缴纳所得税，最终要对簿公堂。因此，一部“遗产税法”便由此在美国应运而生。

但是，在美国，除了联邦法以外，各州还有自己的法律。那么，遗产继承人在接受遗产后，如果觉得不合理要上法庭打官司，应该服从哪一个法庭的判决呢？是听从州法庭，还是联邦法庭呢？这里有一个典型的案例，我们来看一下：

在1931年，黎亚特的奶奶玛丽去世了，留下一笔300万美元的遗产。但是玛丽把大部分财产以信托基金的形式留给了教会的科学家，只分给黎亚特极少部分。黎亚特质疑奶奶缺乏立遗嘱的能力（lacked testamentary capacity），于是上诉到马萨诸塞州法庭。

经过法庭调解，原告、被告双方最后达成协议，黎亚特获得20万美元遗产，其余大部分将继续留在信托基金里。

对于这一和解，黎亚特还算满意，因为当年20万美元也是一笔可观的财富了。但是未等黎亚特庆贺成功争得“像样”的遗产，美国国税局（the IRS）便出来“收账”了，要求黎亚特将20万美元作为所得收入来纳税。黎亚特不甘心，他称这些钱是作为遗产继承来的，不需要缴纳所得税。

因为按照美国1932年的税收法——“Revenue Act of 1932 § 22（b）（3）”，只要财产“通过礼物遗赠、遗嘱赠与或继承”等形式获得，都不计入个人的总年收入（gross income）内。但美国国税局认为，玛丽没有把财产遗赠给黎亚特而是捐给了教会，因此他应该缴纳所得税。

不过，审判法庭却判黎亚特胜诉。因此，国税局提出上诉。

上诉法院推翻了审判法庭的判决，法官认为根据 § 22（b）（3）的条款，这笔钱不该得到税务豁免。黎亚特不服判决，于是他又上诉到美国最高法院。

最终，黎亚特赢了官司。

美国最高法院裁定，由于税收法（revenue act）是联邦法规，因此联邦法律适用这一案例。法官认定，黎亚特并不是通过遗嘱获得财富，但他也不是大街上随机拉来的人，他是玛丽的继承人，所以他接收的任何财产，不管是如何收到的，都可被视为“继承”财产。重点是遗产法规定：继承人理应得到遗产，因为黎亚特是继承人。

从这一案例中我们可以看到，不管是州立法还是联邦法，在断案时必须确立案件争议的要点，属于联邦法制定的法规就按联邦法的条例来判案，属于州立法制定的法规就按州立法来断案。

因此，想要移民美国的中国富人，在移民美国之前一定要想清楚弄明白美国的法律。在目前经济非常不景气的年份里，美国遗产税的起征点降低了，税率却提高了，即意味着富人去世后要缴纳掉一半以上的财富。美国的富豪在处理遗产税的时候就有自己的特色了，如比尔·盖茨和沃伦·巴菲特。

盖茨基金会，是全世界最大的、操作最透明的私人基金。截至2009年底，基金捐赠规模达335亿美元。其中，基金会有三个受托人：比尔·盖茨、梅林达·盖茨和沃伦·巴菲特。设立基金的主要目的，是在全球范围内提高医疗保健和减少极端贫困，在美国扩大教育机会和获得信息技术。为了保持慈善基金的资格，基金会每年至少必须捐出其资产的5%，也就是说每年起码得捐出15亿美元。——多了不起的善举啊！

可话又说回来，任何举动都不会是无缘无故的，背后总有潜在的动机，而比尔·盖茨和沃伦·巴菲特也不例外。这一点从盖茨基金的类别上得到了印证——非经营性私人基金。这是美国国税局为富人制定的一条税法条例（普通纳税人永远无法企及），这一条例就是501（c）3条款。根据此条款，富人建立的非经营性私人基金可以完全免税。如此，这种即可免去重税赋，又可获得社会声誉之善举，何乐而不为呢?

众所周知，比尔·盖茨拥有的绝大部分财富是微软的股票，市值约500亿美元。举个例子，假如盖茨先生2011年将财富作为遗产传给儿女，免税额为100万美元，由其子女分摊，剩余的财富按遗产税率55%来计算，以转移产权生效之日的收盘价核算税额，那么他的儿女在接受遗产的当日则必须缴纳275亿美元现金的遗产税。

但是，比尔·盖茨不可能有这么多现金，而他也无法出售股票。按照惯例，大股东出售股票必须经由董事会同意。如果比尔·盖茨一意孤行为了儿女抛售股票，那么微软的股价就将狂跌，变成垃圾股也是可能的。这样一来，他的儿女所持有的股票还有何价值呢？所以，聪明的做法就是把股票转赠给一个以他命名的基金，想怎么花就怎么花。事实上，比尔·盖茨夫妇将他们的基金像企业般经营着，还落得慈善家的美名，又站到了道德的制高点。与其“被”征税，不如“主动”按自己的心愿帮助别人，这样的心灵愉悦感比得到任何物质享受都来得持久，而且自己遗产的价值也真正地传给了儿女。

其实，美国富人捐赠巨额财富，与我们普罗大众一样就是不愿“被”缴税。在七大工业国里，美国是唯一一个以公民身份征税的国家，逃税就是犯罪，而且是刑事犯罪。

美国人如何缴纳赠与税

在美国，生前转移财富所牵涉的是联邦赠与税（federal gift tax），去世之后转移财富则要缴纳联邦遗产税（federal estate tax）。不过，美国联邦税法则鼓励富人在生前转移财富，为什么呢？因为假如没有赠与税，富人大可在去世之前就天女散花般（转移财富）散尽钱财，从而逃避任何潜在的遗产税，使立法制定的遗产税形同虚设。

1932年，美国国会通过了赠与税的税法细则：比遗产税率整整低了25%，同时再豁免5万美元的税额，并且与遗产税的豁免税5万美元分开计算。

立法者的意图和目的主要有两点：其一在大萧条的非常时期，能快速地为政府增加收入；其二能有效地鼓励富人在生前转移财富。实行这一税法的益处是显而易见的：转移1000万美元资产，只被征税230万美元，实际有效的税率仅为18.7%，远远低于遗产税率。

事实上，这一做法直接牺牲了州政府的税收，以及联邦政府未来的税款收入，主要的受益者是富有的美国公民。说穿了，遗产税就是针对这些富豪设计的，也只有他们有足够的现金自由地将巨额财富赠与他人。一般来说，如果生前转移了财产的权益，馈赠或转让的财富将不再征收遗产税。

当然，也不是所有的馈赠品（土地或现金）都会征税。对于那些有利于公共和慈善事业的捐赠，政府一律给予税务豁免，如直接捐赠给政府、慈善、教育（假如捐赠者写支票给受益人，由受益人自行付学费就必须付税）和医疗机构的款项，就不用支付税金了。然而政府也不忘给捐赠者留一点“好处”，如果他要把财富赠与自己配偶的话（配偶必须是美国公民），无论资产多少税额都全免。因为政府不着急，他的配偶迟早也是要见“上帝”的，只不过暂时替政府保管一下财富而已。

1934—2012年间，赠与税的终身免税额也逐渐从5万美元增至500万美元。但是从2013年1月1日起，这一有利于富人的税额又骤降至100万美元，而且税率也从2012年的35%增至55%，一进一出相差何止一点啊！——这说明欠了十几万个亿美元的美国政府实在是穷得过不下去了，不得不拿富人开刀。

但是在美国除了联邦法（federal law）以外，各个州还有自己的州法律（state law），因此即使转移相同金额的财产，其缴纳的赠与税也不尽相同，可以说是天差地别。对于这个情况，举例如下（最简单的状况）：

假设有一对合法结婚的夫妇山姆和玛丽娅居住在密歇根，属于施行普通法（common law）的州。夫妇俩只有山姆一人外出工作，玛丽娅是既没有收入也没有财产。2002年，当山姆想把应纳税的202.2万美元转给儿子彼得（再假设不存在夫妇分开转移资产的情况），山姆应缴纳给政府的赠与税是440 390美元（扣除了年豁免税额1.1万美元）。

如果以上的假设全部相同，只是山姆夫妇居住的地点不是密歇根州，而是一直居住在加利福尼亚州，那么转移给儿子彼得的财产赠与税就将为零，等于一分钱都不用缴纳给政府。为什么差别那么大呢？因为加利福尼亚州所执行的法律是“共有财产属性”（community property state）的州。

生活在一个“共有财产属性”的州里，你结婚之前所拥有的财产是属于你的，而你结婚之后所赚到的钱，哪怕你的配偶一分钱不挣，一丁点资产都没有，这里要不客气地说一句：你另一半将有权分走你50%的财富，真正是“你侬我侬，忒煞情多……我泥中有你，你泥中有我……”。

在上述例子里，生活在加利福尼亚州的山姆夫妇的财富是夫妇共同拥有，夫妇俩共同转移财富给儿子彼得，所以山姆就不用缴纳赠与税；生活在密歇根州的山姆夫妇，财富却是山姆一人拥有，而一个人转移如此丰厚的资产给儿子彼得，山姆就得缴纳这么多“冤枉钱”。

再说句题外话，假如两情发展到怒目相视且到了剑拔弩张的地步，那么夫妇间的财产又该如何分割呢？在加利福尼亚州，离婚时婚后财产将分割为50∶50；如果负债的话，债务也将分割为50∶50，你还一半我还一半，也算公平。

话说假设在加利福尼亚州有一对夫妇，妻子是大学教授收入稳定，丈夫是作家几乎没收入，平常家中的开销全都仰仗妻子，还连带着供房的按揭支出。同时，洋房需要维修时钱不够了，也是妻子向娘家张口。可是作家丈夫一不小心有外遇了，而且被妻子捉奸在床，如此当然就只好打官司离婚了。

按理说，丈夫有外遇属于过错方，应该无条件净身出户。但加利福尼亚州的法律偏偏是“No fault state”，也就是根本没有“无过错”

这一说。于是，丈夫不但会分掉妻子的一半房产，还要求妻子给赡养费，直到他再婚为止。如此，妻子是不是该吐血了呢？

其实，即便同样是“共有财产属性”的州，这些州的婚姻法和税法也不一样。所以，在美国男女恋爱容易，谈婚论嫁就非常慎重。在电影电视中看到男方向女方求婚时，女方常常兴奋得跳起来，就是这个道理。不过，与此同时，婚前协议的做法也随之兴起，这也是不得已而为之呀！

唯一对公民全球征税的国家

美国是全球唯一一个以“公民身份征税”的国家。这就是说，只要你是美国公民，哪怕你不在美国居住（reside），一到了每年的报税季节，你在世界各地所获得的收入和拥有的财产都必须向美国国税局申报，应该缴纳的税款一分都不能少。同时，逃税就是犯罪，而且是刑事犯罪。

大家知道“山姆大叔”太缺钱了，他需要你的钱，而你是美国公民，从你身上收税天经地义。

美国公民，代表着一个合法的身份，表示在美国享有政治身份所需的特定权利、特权和义务。公民被理解为可以“享有权利的权利”（right to have rights），它服务的基础是与一连串的权利捆绑在一起，如公民有权利在美国生活、工作，并接受联邦援助。

美国公民的主要来源有两个途径：其一，必须是在美国领土范围内出生；其二，移民通过申请被批准后，归化入籍而成为美国公民。美国宪法第14条修正案中就明确指出：所有在美国出生或归化入籍的人都是美国公民，在他们所居住的州受司法权管辖。

因此，公民身份标志着全体成员作为国家整体的一员，可能涉及：（1）税务的定决；（2）有资格享有国家提供的福利，如高等教育；（3）有资格参与国家的政治活动，如竞选美国参议员职位。

在上述美国公民的责任和权利中，第一条就是公民对税务的责任。

不过，就像我上篇文章提及的，在任何社会人的境界不可能都一样，有些富人嫌对他们的征税太少了，而有些富人则因为不堪重税，干脆扛起背包提着皮箱抬头对着自由女神挥手道别："Bye, bye America!"

亿万富翁萨瓦瑞（Eduardo Saverin）就是极好的例证。萨瓦瑞今年刚满30岁，是Facebook（美国的一个社交网站）的创始人之一。他在公司上市前毅然放弃美国国籍，打点行装前往新加坡，成了新加坡居民。因为新加坡为像萨瓦瑞那样的亿万富翁，提供了优厚的税收优惠。

萨瓦瑞的主要收入来自资本收益（capital gains），而新加坡居民不用缴纳资本利得税，最高的个人所得税也只有20%。但是美国呢，要缴纳15%的资本利得税，而2012年时个人所得税甚至最高可达35%。2013年，国会立法提高税率，最高个人所得税将升至39.6%，资本利得税也要调高到20%，对高收入者的投资收入（investment income）也将开始征收3.8%的税。

试想一下，假如萨瓦瑞把手头的股份全部兑现，在新加坡他不用缴纳一分钱的资本所得税，而如果他依然保持着美国国籍，再假设目前Facebook市值1000亿美元，其中他占4%的股份，售出全部股份就是40亿美元，要是这笔巨款都算作他的资本利得，那么他就必须缴纳6亿美元（1000亿 ×4%×15%=6亿美元）的税。

然而，萨瓦瑞事件并不是孤立的。在过去几十年来，有八位著名的ex-Americans（曾经的美国公民）都放弃了美国国籍，虽然放弃的理由各异。例如，美国飞镖集装箱公司总裁、一次性杯子制造商肯尼斯·达特（Kenneth Dart），在20世纪90年代时就放弃了美国国籍，当时这一事件震惊了全美国（但是没过多久达特就后悔了，他在老家佛罗里达请求重新加入美国国籍，被克林顿总统一口拒绝了）。

近年来，越来越多的美国公民放弃美国国籍，这已是不争的事实。据美国国税局的统计数字显示，美国人放弃美国国籍的人数在2008年有231名，2009年有742名，2010年有1534名，2011年有1781名。

尽管那些人中的大多数都否认放弃国籍与税务责任有关，但不可否认，美国政府日益严苛的税务立法是促使他们放弃国籍的重大诱因。据专家透露，由于“9·11”事件影响导致对资本流动和恐怖主义的担忧，有证据显示金融巨头瑞士银行（UBS）和海外机构鼓励美国纳税人隐瞒国外汇款账户。面对这种状况，国会出台了对海外账户的严苛规定：故意漏报海外资金账户，每年的新罚款是这一账户最高值的50%，两年故意违规便可以清空这一账户。

如此，难怪有人要放弃美国国籍了。但是美国政府针对放弃国籍也有新对策，当然还是以罚款作了结，交了钱就放你走！

举个例子，假如你有价值5000万美元的资产，如果你想放弃美国国籍成为巴哈马居民（或公民），但你又想留给在美国生活的三个孙子每人各1000万美元，按2012年的遗产税率35%来计算，你必须先替孙子缴纳1050万美元（1000万 ×35%×3）联邦税之后才可以离开。为什么？国税局是提前向你征收了一笔遗产税。但到了2013年，由于遗产税率提高至55%，你放弃国籍的代价就变成1650万美元（1000万 ×55%×3=1650万美元）。

不过，类似萨瓦瑞的案例，美国国会将罚征出境税（exit tax）。衡量你是否逃避税务责任的标准是：凡过去5年美国纳税人的资产净值大于200万美元，或过去5年的平均年所得税为15.1万美元（经调整通胀率），罚款是30%的资本利得税。

（注：对美国绿卡拥有者的全球征税和对美国公民的全球征税有所不同：1.对美国绿卡拥有者的全球征税政策针对的仅是个人收入，而不是个人资产。举个例子，假设你在中国国内有2000万元人民币的房地产出租，每年获得租金200万元人民币。一旦你获得美国绿卡，美国税务局并不会要求你为2000万元人民币的房地产资产价值交税，而只会对每年200万元人民币的租金收入征税。2.在你拿到绿卡之后，美国是有一个资产利得税的概念的，但是这个资产利得税只是在你出售资产时才需要申报。3.《海外账户纳税法案》（FATCA）涉及的仅仅是银行账户内资金的信息通报，而不涉及房地产等固定资产的通报。4.美国对绿卡拥有者从海外获得收入的人每年有将近9万美元的免税额。）

从美国高负债谈北美个人所得税

众所周知，美国是个高度负债运转的国家。目前，单在外流通的美国政府债券规模超过了22万亿美元，超过了美国GDP的113%，合着每个美国人无论男女老幼平均分摊超过6万美元。这还不包括其他的债务，如美国地方政府的债务、个人的债务等。

根据国际经合组织（OECD）的统计数据，如果再加上美国各州、县，以及私人累计欠债的话，那美国的总债务接近70万亿美元的天文数字，合着每个美国人欠债20万美元上下。同时，美国联邦政府的赤字正向着1万亿美元逼近，而预计从2022年起联邦政府财政赤字每年都将超过1万亿美元。

个人所得税已经变成联邦政府财政收入的最主要来源，占总收入的49%；企业所得税只占10%，社会保险税和年度供款为33%；消费税收入占3%，其他收入占5%。

在美国，作为纳税人一旦违反了法律法规，轻则罚款，重则坐牢，那是公民应尽的责任和义务。

那什么样的收入必须缴税呢？

举个例子，假设有一天我在曼哈顿第五大道上逛街，发现脚底下踩到了一张绿票子，弯腰捡起来一看是一张100美元的大钞，四下张望却无人来认领。这时，我可以学习雷锋叔叔，把百元大钞上缴到失物招领处；我也可以把钱放进自己的口袋里（在美国，只要不偷不抢，可以视捡到的财物为己有）。但是，我必须本着一颗诚实的心把百元大钞归纳到年收入里。

严格说来，任何收入包括美国本土和全球各地的所得，都必须填入纳税栏目，甚至连“挪用公款的收入”（embezzled fund）也要列入其中。其实，不要害怕把贪污得来的收入上报国税局，国税局才不会管呢。但如果你不申报贪污得来的收入，将来东窗事发被公司起诉上报国税局，届时国税局就不客气了，隐瞒收入将连本带利罚款，罚金可能比贪污得来的不义之财还要高。这就叫“铁路警察，各管一段”，国税局就只管税收。

当然，有些收入是不需要缴税的，如“事故保险赔偿”、生活福利金（低收入补贴）、军事津贴、退伍军人福利、职工宿舍等。

美国国会也是体察民情的，某些指定的个人开支，允许你有选择地逐项扣减纳税收入，如医疗费用、房贷按揭的利息、房产税、慈善捐款、遭遇灾难或被偷窃之损失、工会会费、投资利息、赌博亏损、聘请会计报税的费用等，都是省税的名目（将视具体情况细分抵税的税率）。

不过，好在美国是实行累进税制的国家。从本质上讲，只有达到最高收入的某一个点，才会被征收最高所得税。打个比方，现在有10%、20%和30%这三种税率，10%用于收入为1～10 000美元的纳税人，20%用于收入介于10 001～20 000美元的纳税人，30%用于年收入超过20 000美元的纳税人。

在这个税制下，收入5000美元的纳税人按10%的税率征税，得缴纳500美元税款；收入10 000美元的纳税人也按10%的税率征税，共支付1000美元税款，依此类推。

那么，收入35 000美元的纳税人，将面临复杂的计算。第一个

10 000美元的税率是10%，从10 001～20 000美元的税率是20%；超过20 000美元的收入部分，税率是30%。因此，将支付的税款分别是：第一部分的10 000美元的纳税额是1000美元；第二部分的10 000美元的纳税额是2000美元；最后的15 000美元的纳税额是4500美元，总共将支付7500美元（约21.4%的税率）的税款。

同在北美的加拿大也是高福利、高税收的，个税之高和北欧一样。几年前，我从美国移居加拿大，正好对加拿大的税收情况有所了解。下面就简单介绍一下加拿大的个税情况吧。

加拿大所得税是每个人都需要申报的，所得税分为联邦政府和各省两部分。由于各省的税率不同，就不一一列出了。下面是温哥华所在的卑诗省在2002年时的合共税率：

31 124加元以下：22.05%；

31 125～31 677加元：25.15%；

31 678～62 249加元：31.15%；

…………

103 000加元以上：43.70%。

要特别注意的是，上面所提到的加元数是指“应纳税收入”。打个比方，如果年收入为5万加元，其中有7000加元是不用扣税的，同时还可以将18%的收入存入退休金，这部分的9000加元也暂时不用扣税了，还有其他一些项目也可用来扣税，所以应纳税收入实际是2.7万加元。

另外，加拿大是以家庭为单位纳税的。如果家庭中有两个孩子，那每个孩子还可扣去一定数量的收入不用缴税。所以，很明显，如果在加拿大收入不超过5万加元的话，所得税率只有百分之十几而已。

还有，夫妻俩要是一人收入超高，如超过12万加元，而另一个人工资收入不过三四万的话，如果仅仅考虑钱的话，低收入的那位上不上班对整个家庭的税后收入其实没有多少变化。特别是有孩子的家庭，如果太太收入很低，那还不如待在家中相夫教子更合算。事实上，这可能也正是加拿大的好多家庭中夫妇俩有一个人不上班的原因吧。正因为如此，加拿大的失业率便显得比美国低。

说到底，在北美，所得税是调节贫富的利器。其实，中低收入者还有很多其他可以退税的方式，这儿就不一一介绍了。

再特别提一下，对于富人，北欧最高级别税率甚至高达87%，也就是说超过一定数目后你每赚100欧元就有87欧元要缴税。我有个挪威的朋友曾说过，他公司CEO的收入其实没有比他的秘书多多少。虽然这可能说得有点儿夸张，但倒真说到了点上。

私人古堡豪宅怎么成博物馆的

卡萨罗马（Casa Loma）古堡，是一座哥特式复兴风格的大豪宅。它坐落在多伦多的市中心，是金融家亨利·佩拉特（Henry Pellatt）爵士特别为爱妻建造的，曾经是加拿大最大的私人府邸，现在已成为博物馆和多伦多的地标建筑。

佩拉特爵士出生时已家道中落，他父亲只留给他一个银托盘和一只高脚杯。他从电力行业赚到了第一桶金，财富最多时拥有两个1000英亩的大农庄、珍贵的宝马、十几辆名车和几十名仆人。他小手指上戴着一枚巨大的钻戒，被人们尊称为爵士。

最能体现佩拉特爵士巨额财富的，当数卡萨罗马古堡了。古堡外观庄严宏伟，外带极其漂亮的大花园，里面有秘密通道。一楼有大客厅、佩拉特爵士的专用书房、图书室、餐厅、会议室、服务室、吸烟房、台球室、温室花房；二楼是佩拉特爵士的卧房、浴室，外加女主人的卧房和浴室，还有多间大客房；三楼设立了一个步枪博物馆，包括仆人的房间、客房，以及通往城堡塔顶的楼梯；地下室的保龄球场、射击场、游泳池均未竣工，但酒窖、隧道、狩猎小屋以及马厩都一一完工；总共有98间装饰华丽的套房，上下可乘坐电梯，厨房还有一个足可以烤一头牛的大烤箱。

多伦多可游玩的地标景点很多，像全球最大的尼亚加拉大瀑布、曾经全球最高的建筑CN电视塔和千岛湖等。不过，我喜欢带朋友们去卡萨罗马（Casa Loma）城堡，因为卡萨罗马的主人佩拉特爵士极富传奇色彩。

每当那些从纽约来的朋友来这座城堡参观完后，他们都忍不住会发出感叹，甚至有人说要是这辈子能住上这样的城堡死也瞑目了。每每这时候，我总是开玩笑说：“Are you sure?”意思是，这样的豪宅，就是送给你，你也住不起啊！这也正是佩拉特爵士本人绝没想到的。

因为从第一次世界大战起，多伦多市政府就开始给卡萨罗马增加了物业税，从每年600加元增加至每个月1000加元（这在当时是巨款）。那时的佩拉特爵士因战乱等财富缩水，经济状况日渐捉襟见肘，不得不拍卖艺术品和部分家具以支付昂贵的税款。最后，因为负担不起27 303加元物业税，佩拉特爵士和太太只得被迫离开卡萨罗马。

佩拉特爵士搬进了古堡附近一处小小的公寓，打开窗户看见的正好是卡萨罗马庄严的塔楼，而身边唯一的值钱物是他小手指上的大钻戒。佩拉特爵士因为交不起税款"弃城"而去，古堡最终被多伦多市政府收归国有，如今作为博物馆对外开放。

在欧美，对富人来说，遗产税和地产税犹如两把利剑，简直是锋利无比。北美的地产税分不同地段有好坏之别，物业拥有者每年必须按房产的价值缴纳1%~3%的税金给政府。地产税的"奥秘"就在于，将随着房价的上升而上升，甚至升到房主付不起为止，就像佩拉特爵士那样。

难怪金融危机时底特律的房子只卖1美元一栋都无人问津，买得起养不起啊，因为房子欠的各种税简直就是天文数字。

那么，付不起税款怎么办？无非就两种选择，要么卖掉房子搬离喜爱的区域，要么将卖不掉的房产（连富豪都养不起）乖乖地、无偿地奉送给政府。这把利剑真可谓劫富济贫的奇招啊！

买卖房子时要缴多少税，缴哪些税

在2011年新春来临之际，人们便获悉一大批美国中产阶层人士由于遭受失业潮的冲击而还不起房贷，将被迫成为无产者。失业，正在使人到中年的中产阶级人士走向破产之路。因此，“两人收入”式的美国中产家庭被逼得站在了刀刃上，而他们保持中产阶层地位，并确保其子女上更好的大学的唯一办法就是保证就业。中产阶级一旦缺乏了收入来源，就只有两条途径来维持其生活水准，要么出售资产，要么继续借贷。

不过，中产阶级绝不肯轻易出售其资产。因为他们的资产就是房子，总不能把自己在高价位买入的房子以低价卖出吧。同时，联邦税法明确规定，纳税人的个人住宅（personal residence）属于自用资产（personal use assets），出售或置换自用资产的亏损是不能抵税的。

然而，在资本市场有亏就有赚，纳税人买卖房产获利收益（包括投机炒房）在税务上又是怎么处理的呢？

举个例子，假设我人在多伦多，看见隔壁邻居美国房地产在大幅下跌，便铆足了劲决心去抄底。2010年7月，我在迈阿密花16万美元买到一栋独立的大洋房，前庭绿草如茵、繁花似锦，后院配备游泳池，唯一的不足之处是厨房有些旧。我花费4万美元把厨房装修一新，跟太太一起在迈阿密定居了。搬进大洋房的当晚，我躺在床上心算了一下，我买房的实际成本是20万美元。

在美国，广告费、律师费和经纪人费可以计入购房成本，出售房屋的价格减去成本才是净得的资本收益。但为卖出好价钱而小修小补的维修费，就并不计入买房成本。如果没有特殊情况的话，资本的利得税为15%（也就是赚100万美元，要缴纳15万美元税款）。

假设很幸运的是2012年9月美国房价迅速反弹，经纪人帮我以65万美元卖掉了这栋洋楼，我净得40万美元收益，即65万美元–20万美元（买房成本）–2万美元（律师费）–3万美元（经纪人费）=40万美元（净得收益）。

仅仅只有两年的投资，就获得如此丰厚的收益，犹如中了一个乐透奖，当然会心花怒放了。于是，我心安理得把这40万美元存进银行，随即拍拍屁股返回多伦多，而年底报税时一分钱都不给“山姆大叔”。

那么，我这样做违反税法吗？

由于美国政府自二战后开始就积极鼓励民众拥有自住房，为此而出台了一整套相应的税法，包括房贷利息和每年交付的土地税，都可以从个人年底的所得收入中加以抵扣。对于卖房所得的资本收益，犹如我上述举例的情况，还可享受联邦税法第121条的优惠，但要同时满足以下条件：

第一，我或者太太是这栋洋楼的屋主；

第二，我和太太5年内在这栋洋楼里居住超过24个月；

第三，我或者太太并没有在两年之内出售过其他任何房子。

第一条很明确，只要房契上有我的名字或者太太的名字就行了。但是对第二条规定这里必须做一个说明，特别要提醒意欲飞往美国抄底房地产的同胞，如果你无法在美国住满24个月，虽然你也可以抄底买房，但是当你获利回吐时就不能享受免税优惠，炒房的资本收益就不如想象的丰厚了。

上述第三条也必须特别留意。例如，有个富人飞往美国同时购入了几套房子，就只能每两年卖掉一处房子，而且必须在那一处房子中住满24个月，如若不然就得缴纳资本收益税。说了半天，那纳税人到底可以免缴多少税金呢?

还是以我上述的举例来说明。假如我和太太年底合在一起报税时，同时满足了联邦税法第121条的所有规定，我所获得的40万美元卖房收益则完全可以免税，而夫妇的免税额最高可达50万美元（单身人士为25万美元）。

然而，当纳税人在遇到无法掌控的特殊情况时，如工作地点从这个城市搬到了另一个城市，或者健康状况出现了问题，或者发生了预料不到的事情，这时在5年内居住必须超过24个月的规定就可以忽略不计。但假如我还是单身，我卖房所得的40万美元收益超过了25万美元，那么40万–25万=15万美元，这15万美元就必须申报并上缴资本收益税了。

正因为长期以来美国政府致力于每一个家庭都能拥有自住房，促使从二战以前到2005年美国人的房屋拥有率上升了25%。当房地产泡沫被吹起的时候，人们购房就不是简单地为了居住，而是将房屋视为可带来丰厚盈利的投机工具——因为房价在上涨，而且还会不断地上涨，最终导致了震荡全球的金融危机。

很“不幸”的是，美国房价在前两年反弹之后，最近又开始下跌了。其实，美国金融危机就是中国的一面镜子，而对一个国家的发展而言，尽可能避免金融危机才是上上之策。

投资或炒股的收益要缴多少税

凡生活在美国的人都知道，自1955年以来，4月15日是申报税收的日子。对于那些居住在美国以外和波多黎各的美国人，税收截止日通常为6月15日。假如4月15日这天适逢星期五，那么纳税申报日自动延至下星期一；如果4月15日这天是星期六或星期天，纳税申报截止日就是星期二。例如，2011年报税日是4月18日星期一，2012年的报税日是4月17日星期二，2013年的报税日是4月15日星期一。

由于美国的税法太复杂了，每逢报税日到期之前，国税局通常会向纳税人公布一些“税务提示”（tax tip）。例如，国税局在2011年2月18日提示大家，怎样申报个人的资本收益和亏损（capital gains and losses）。国税局在这个年份发出这一提示，多半是因为2008年的金融海啸使许多纳税人的投资资产大大缩水，但有赔就有赚，也有许多人在“乱世”之际捡到了好多“钱包”。

又因为2011年是申报2010年的税务，无论纳税人在资本市场是忍痛割肉也好，抑或是获利回吐也罢，一般来说都会反映在2010年度。最主要的一点是，在税务法里，资本持有期（capital holding period）的长（long term）短（short term）与税率的高低有很大的区别，一年以上属于长期持有，少于1年或正好1年就属于短期持有。投资资产持有的时间越长，获利回吐的资本收益税也就缴得越少，税率分别有五种——8%、10%、20%、25%、28%，比普通的所得税率低多了。如此，这也是为什么投资大师沃伦·巴菲特说“我缴的税比我的秘书要低多了”的原因。

不过，在申报资本收益和亏损之前，纳税人必须弄清什么是资本资产（capital assets）。其实，几乎所有你生活中拥有和使用的物品或投资全都是资产。其中，自用资产（personal use assets）包括自住的房子、家庭陈设品、汽车、衣物和娱乐设备；投资资产（investment assets）包括股票、共同基金、个人账户中所持有的债券、政府债券和空置的土地。当资产被出售了，你购置资产所支付的金额和你售出资产所得到的金额之差异，就是资本收益或资本亏损。

然而，请记住出售或置换自用资产的亏损是不被认可的，因此也就不能归类为资本亏损。但是，也不是说你购置了写字楼或房地产，就一定是投资资产了。

假如你拥有一栋写字楼作为律师事务所，每年计算写字楼的折旧费用，这就不能归类为投资资产，同时写字楼里的一切固定设施包括中央空调、地毯和古董吊灯也都不能算作投资资产。为什么？这里的一条界线是：计算折旧的个人财产和房地产作为生意用途时，不能归为投资资产，无论持有资产的时间有多长，都无法享用资本收益的低税率。

举个例子，如果克林顿总统1994年给你写了一封信，你在同年底把这封信拍卖了，获利500美元。你所获得的不是资本收益，而是普通的收益（ordinary gain），因为这封信只为你而写，属于创意作品（creative works），得按照正常的税率计算缴税额。

假如伊莎贝拉为儿子山姆谱写了一首歌曲，山姆把这首歌曲的版权（copyrights）出售给了音乐发行人，获利5000美元，而山姆获得的也只是普通的收益（ordinary gain）。但如果山姆是从伊莎贝拉那儿继承了这首歌曲的版权，出售这首歌曲的收益就是资本收益了。因为计算山姆获利的金额，是根据伊莎贝拉去世当天这首歌曲公开的市场价值（fair market value），而这与伊莎贝拉谱写这首歌曲的起点算法完全没关系。

再举个例子，有一个证券经销商（或“证券交易商”），她在上午10点用自己的账户购买了一只股票，但在当天业务结束时股价轻微下跌了，所以交易商并不指明这只股票是作为投资（investment）持有的。第二天上午10点半，股票的市值突然大幅上升，超出交易商购买价格的一倍。于是，她利用计算机编程的知识修改了公司的电脑记录，这样前一天业务结束时她所购买的股票就变成投资持有了（她完全能确定，公司的老板和国税局永远都不会发现这一秘密）。那么，她的潜在行为和如此做的动机是什么呢？

其实，这是因为美国国会通过法律，规定证券经销商所持有的股票、债券和其他金融产品都应该被视为库存品（inventory），经销商的业务就是为客户买卖证券，因此不涉及资本收益或亏损的处理，而他们必须明确是为客户从事购买转售证券业务。

但是，如果证券经销商明确表示，业务结束当天所购买的股票是作为投资持有而非库存品，那么出售股票的收益就是资本收益（亏损也将被视为资本亏损）。然而，如果经销商在出售这只股票之前已经停止将该股票作为投资的证券，那么股票收益所得也就不是资本收益了。

其实，在现实生活中计算资本收益或亏损是很繁琐的，特别是金融海啸期间，许多散户买卖股票异常频繁，一个月以后清理“战场”总归是有得有失，赚到了钱自然全部都必须缴纳资本收益税，而亏损了呢，却不能通过抵扣收益来减免税款（税法规定每年只限抵扣3000美元的亏损，剩余的亏损要等到下一年有资本收益了才能用来作抵扣）。

另外，税法第1091条规定，在某些情况下，出售股票或证券出现的亏损是不被认可（不能抵税）的。具体地说，如果纳税人在30天之内反复地出售（或交换股票）或购买一只相同的股票（在购买日的30天前或30之后），任何亏损都不被认可。这样的交易被视为wash sale（洗售），也是这条法律规定的不包含收益的情况之一。

现在该明白，美国国税局为什么会在2011年向纳税人公布有关资本税务的提示了吧。

美国高薪阶层如何合法地减免纳税额

薪资收入对任何一个行业的从业者来说，始终是一个热门的话题。每个行业都有它相对标准的薪资水平，你服务的公司给的工资高，除了你能为这个公司带来你的价值外，另一个原因一定是这个行业的利润非常高。

例如，美国职业棒球大联盟（Major League Baseball）就是一个高薪的行业。在2011年赛季中，纽约洋基队的三垒手罗德里格斯（Alex Rodriguez）以3200万美元夺冠，比位居第二的威尔斯（Vernon

Wells）高出近600万美元的薪酬。

由于美国职业棒球大联盟是没有工资上限的，因此老板都雇佣高薪球员打一个赛季，而球员的工资总额往往会超过之前的某一个赛季。那么，棒球手真有这么高的价值吗？对于这个问题，被公认为美国棒球史上最优秀的球员罗斯（Babe Ruth）就有这样一句经典名言："这关胡佛什么事啊？另外，我比他要辉煌多了！（What the hell has Hoover got to do with it? Besides, I had a better year than he did!）"。因为当年胡佛总统的年薪为7.5万美元，而罗斯的年薪高达8万美元（约为今天的120万美元），所以罗斯的言外之意是他的价值要比美国总统还要伟大。

或许罗斯是很伟大，但是职业球员拿高薪就一定能保证赢球吗？为此，美国圣母大学（University of Notre Dame）教授布鲁姆（Notre Dame）曾做过一项调研，他说在一个职业棒球联盟球队里，明星与普通球员的薪酬差别越大，赢球的记录就越糟糕。当然，布鲁姆教授的研究不一定正确，但在金融行业倒可能是正确的。

例如，摩根大通的CEO戴蒙（Jamie Dimon），他2010年的薪酬比2009年大幅增长了1541%，年薪高达2080万美元，其中现金为660万美元，股票期权（stock and options）为1420万美元。但是，在2012年5月，摩根大通爆出了"魔鬼交易员"的丑闻。

摩根大通是业界以强劲和稳健著称的银行，也是美国资产规模最大的企业。这次，由于旗下交易员采取对冲策略失误，大手笔沽空125种北美企业信贷组成的CDS指数（简称IG9），造成公司直接亏损20亿美元。如果处理不当，预估还将继续亏损10亿美元。戴蒙作为摩根大通的CEO，拿着巨额的薪资，却致使公司巨亏20亿，无疑有着不可推卸的责任（戴蒙后来被美国国会招去传讯了，看来他的CEO职位无法自保了，而且下岗之后也很难再爬到CEO的高位上）。

对此，美国民众又提出了类似的问题：银行家对社会做出了何种贡献，他们真有这么高的价值吗？在美国军队里，一个少尉的年薪只有3万美元，一个初级会计师的年薪约为4.5万美元。然而，当你愤愤不平军队里少尉或会计师那少得可怜的薪金而想要跨入体育或金融行业时（先不谈你是否具备那些条件），首先必须考虑的是：一个职业运动员和金融行业高管，特别是体育明星，他们一生的从业时间是很有限的，往往被压缩为“黄金十年”。

但是，美国联邦税收法是不允许把10年的收入按年份来平均分摊的。也就是说，运动员在高收入的“黄金十年”必须缴付大笔税金，过了10年黄金期后将无法像普通人那样通过典型的工作周期去赚取收入和报税。针对这种情况，联邦税收法设计了一个方法，即以递延补偿（deferred compensation）的形式帮助他们减少联邦所得税。主要通过以下三种途径：

第一种为退休金计划（pension plans），这是一种递延补偿安排，将定期支付退休福利给符合这一规定的退休员工，雇主投放在退休金计划的款项不必依赖利润。常用的做法是，每个参与者必须保持一个独立的账户，福利完全来自：（1）供款金额；（2）参与者的账户基金累计收入，也允许雇员向其账户上投放供款额。以这种方法设立的退休金计划，雇主不需要以精确的算法来确定年度供款，雇佣双方都可以延迟缴税。例如，纽约洋基队的罗德里格斯就可以采用这个方法，老板和他同时在其账户上供款（暂时不用付税），退休后养老金的多寡完全取决于他账户上的金额。

第二种是利润分享计划（profit sharing plans），这是另一种递延补偿安排，员工可参与分享公司的利润。雇主在本年度或累计实现的利润中向受托人（trustee）支付供款，并混合在一个单一的信托基金里，因此雇主不必一定要在本年度中实现利润而供款。其中，每个参与者都必须保持一个独立的账户，同时这一计划必须按预定分配的公式提供明确的供款给参与计划的受托人。

第三种是股票红利计划（stock bonus plans），这也是递延补偿的一种形式。其供款的前提不需依赖雇主的利润，是一种以股份形式由雇主建立和维持的计划，而参与这一计划的员工是拿公司的股份来分享利润。例如，摩根大通的CEO戴蒙就是这一计划的受益者，哪怕公司巨亏无利润，该拿的奖金分红一分都不能少给他。

每个人都“逃不掉”的销售税

近30年前，我刚到美国俄亥俄州的克罗夫兰留学时，对这里的一切都感到很新鲜、很好奇，如这里的有些蔬菜比中国的“个儿大”，像茄子、芹菜都肥大个高。我想可能是这里的土地肥沃，所以长出大个儿的蔬菜也正常。不过，有一件事我想不通，就是明明标价100美元的教科书，等到了收银员那里去付账时却要支付107.75美元，比标价要多付7.75美元。

这算怎么回事儿呢？当时，对我这个穷学生来说，7.75美元差不多是一个星期的生活费，所以我当然要刨根问底弄个明白了。于是，我大胆地问收银员，为什么要多收7.75美元？那位收银员笑着解释说："这是销售税，买任何东西都是要付税的。"我一想不对呀，问道："我在超市买牛奶、面包、瓜果怎么不收税呢？"我得到回答是，农产品和未加工的食物是免征销售税的。

不久，我转到了纽约读书，买书付账时发现纽约的销售税率比俄亥俄州还高，买100美元的书却要多支付8.875美元，税率更高了。我又多嘴发问了："难道美国各州的销售税还不一样吗？"答案又是肯定的。

在美国，不同的司法管辖区，征收的销售税也不尽相同。例如，与纽约隔岸相望的新泽西州，销售税仅7%，所有税收收入全部存入国库，州政府不留一分钱。新泽西州简直是穷人和中产阶层的购物天堂，除了农产品和未加工的食物不征税，连家用纸制品、医药产品甚至服装衣物都不征税，但貂皮等动物制成的衣物且价值在500美元往上的会征收6%的皮制品收入税（fur clothing gross receipts tax）。养车就更要住在新泽西州了，那里的汽油不征销售税，每一加仑只收0.145美元的销售税，比纽约要便宜太多了。

所以，那时居住在纽约的我们这些中国留学生，一到假期便三五成群地开着破车到对岸的新泽西州去购买衣物和鞋袜，末了再给破车加上汽油后满载而归、浩浩荡荡地回纽约，感觉仿佛打了一场大胜仗。

我一个好朋友是个摄影家，可能是艺术家的大脑，对数字可以说是相当的不敏感，又由于家里所有杂事全由太太管着，因此没有太多跟钱打交道的地方。不过，但凡购买摄影器材，他必定亲力亲为。每次购买了贵重的摄影器材之后，他总会对着收据看半天，那个心疼啊！试想，假设一个德国产的摄影镜头要2万美元，在纽约购买加完8.875%的销售税，就要多支付21 775美元（20 000美元 × 1.08875）。其实，他不心疼那笔大头的2万美元，因为这是事先想好且有心理准备的，但那笔将近2000美元的销售税则是他忽略了没有计算在内的（没有养成习惯），于是就觉得太冤了。直到现在，他都没弄明白这销售税是如何计算的。

我倒是在想，每年我们都缴纳过个人所得税了，但为何在购买商品的时候还要再缴销售税呢？政府是不是太过分了呢？

原来，美国各州使用销售税的历史，可以追溯到宾夕法尼亚州的商业牌照税，而最初推出这一税率是在1821年。虽然早期的这一税率不具备广泛的征税基础，但是到了20世纪的大萧条时期，现代的销售税便发展起来，而首先是从肯塔基州开始专门对零售商进行征收。1930年，美国国会通过了递进制的销售税，到了1934年时被3%的平均税率取代了。

目前，美国有45个州和一个哥伦比亚特区从20世纪30年代起逐步征收销售税，佛蒙特州是最后一个征收销售税的州（1969年）。但是，新罕布什尔州、阿拉斯加州、特拉华州、蒙大拿州及俄勒冈州，就不征收销售税。如此一来，消费者就有机可乘了。

当我的摄影家朋友知道了这一信息后，如果他想要添置昂贵的摄影器材了，就事先告诉太太安排旅游计划，然后全家趁着旅游的机会到不收或少收销售税的州，旅游带消费一起走一圈，而原本要支付的销售税就可以支付旅游的费用了，感觉自然就好多了。

然而，我自己自几年前移居加拿大之后，感觉却越来越“不好”了。因为加拿大的销售税比美国更高，购买商品除了要支付8%的货劳税（goods and services tax，简称GST），有些商品还要支付5%的省销售税（provincial sales tax，简称PST）。当2008年的金融危机爆发后，由于安大略省欠债太高，政府不得不通过立法把两种税合并起来，称统一销售税（harmonized sales tax）。从此以后，在多伦多生活，除了购买农产品和未加工的食物不征税，其他任何商品都必须缴纳13%的统一销售税，等于变相加税了。

所以，我打算退休后搬到加拿大西部，那里一方面离中国近（省去四五个小时的飞行），而且阿尔伯塔（Alberta）还是加拿大销售税率最低的省份之一（只有5%）。因为阿尔伯塔是加拿大最富有的省份，那里出产石油。加拿大最不幸运的省份，魁北克省可以算上一个，销售税率是14.975%，比多伦多还要高，特别是在蒙特利尔市，有些年份还曾经要再加上1%的奥运税。因为1976年奥运会在蒙特利尔市举办，当时加拿大人倒是兴奋了一阵，可蒙特利尔市欠了一大笔债，这1%的奥运税就是用来慢慢儿还债的……

不过，在北美，纳税人虽缴纳各种各样的税，但我们也享受到了好环境、好服务及好的公共设施等。在北美，我们常常会看到有“Your tax dollars at work”（您缴的税在工作着）字样的牌子，那是告诉你那些税用到了哪里……

国税局给你的钱可不都是好拿的

在北美，每个人都有纳税的义务和责任。对于一般百姓来说，前面提到的个人所得税是最大的税项，而工资收入又是个人所得的最大头，一般是由你的雇主在发工资前就已经统一按最高税率扣税直接缴给国税局，而你拿到手的支票就已经是税后的已经“大大缩水”的工资了。

然而纳税人在申报税后的6个星期，都会翘首以待退税支票，旅游、购物、付账全指着它呢。根据美国国税局的统计，在2004年，约有77%的纳税人收到了退税支票，退税金额平均是2100美元，而2011年平均退税为2913美元。

大多数纳税人会选择把退税直接存入他们的银行账户，或把支票邮寄到家里。从2006年起，政府提供给了纳税人一个自我约束的机会，允许他们把退税款存入多达三个独立的账户（可以是三个不同的金融机构），这就等于把部分退款用来存储或投资了，而不是一味地去消费。

但有人抱怨说，退税金额高也并不是一件好事，因为雇主在每一个发薪月事先扣发了退税支票的25%（甚至更高），要等到年底国税局才依据个人的报税情况多退少补，这就好像纳税人借给了政府一笔免息贷款。实际上，纳税人的最佳状况，应该是退税多于欠税，如若不然，罚款率为100%，欠100美元罚款100美元（高收入人士为110%）。当然，罚款的情况多半都发生在自雇人士中，那是因为他们缴纳预估的税款（estimated tax）不充足。

不过，千万别以为政府寄来的退税支票都可以理直气壮地收入囊中，有的退税支票可能是一块烫手山芋。

例如，我就曾亲历过这么一件事。几年前的4月初，我收到税务局的一封信，拆开信一看是一张6000加元的支票，外带一份明细账。6000加元可不是小数目，合当时人民币3.6万元上下，犹如天上掉了一块大馅饼，看着就眼馋。然而，仅几秒钟的工夫，理智就告诉我这意外之财不是我的，因此到家后立刻打开电脑仔仔细细地核对了一遍报税表，发现是税务局弄错了。

他们寄来的明细账上注明，我3月支付了一笔6000加元给税务局，而那是不必要的，将作为结余（credit）退还给我。然而，在我银行的往来账户上，根本就没有那笔钱的交易记录。第二天早上，我打电话给税务局，详细地说明了情况。不料，接电话的办事员称，根据电脑记录，我确实支付过6000加元，他们退还给我的钱肯定没错。

但是我知道是税务局弄错了，而且加拿大税务局发生类似的错误也并不是第一次了。前几年，我一位朋友也收到过退税支票，200多加元，因为金额小他以为是退税。不料，过了几个月，税务局给他寄来一封信，除了追讨200多加元以外，还要追加20多加元的利息。我那位朋友很不服气，分明是税务局自己出错，把钱如数奉还就已经不错了，凭什么要他支付利息？他打电话去据理力争，结果税务局的回答很简单："你有责任调查每一笔退款的来龙去脉，发现可疑就该寄回支票。如果你拒绝付利息，对不起，我们就要罚款了。"他想这种事情还是不要跟政府去抗争了，无论怎么总归是自己错，最后他连本带息乖乖地把支票寄给了税务局。

所以，税务局越是说他们没错，我就越不能把支票收入囊中。我先把6000加元的支票寄到税务局，并附上我银行的对账单。过了6个星期，税务局的道歉信来了，承认是他们弄错了。

我自己这一头的事情刚结束，不料美国那边又传来了一则大"乌龙"。家住克里夫兰的霍普金斯做了近40年的餐馆女侍，有一天上班前检查邮箱发现收到了国税局一张434 712美元的退税支票，她当场惊讶得"失声大笑"，然后把支票带到上班的餐厅跟同事们炫耀。

霍普金斯跟我一样知道这笔巨款是国税局出了错，因为她1月初在儿子的帮助下报了税，但电子系统出了差错导致报税资料遭删除，于是她在4月填写了修改的报税表，算出可以退税754美元。

在接下来的几天里，霍普金斯想象着花费这笔意外之财的乐趣。她想着"已经有28年没度过假了"，如果这笔钱归她所有，她会去一趟夏威夷或者里约热内卢。不过，她明白若把支票兑现、花用这笔意外之财，接下来就得等着坐牢。在5月底的时候，她带着支票前往了国税局。她当时是这么告诉国税局接待处的人员："我是来给你们送50万美元的。"国税局的人要求先查看她附有照片的证件，随后很客气地告诉她，他们会就这起事件进行内部调查。

根据《哈芬登邮报》(*The Huffington Post*)的报道，这笔巨额的退税支票很可能是诈骗犯盗用身份领取退税的杰作，只是意外被寄到了霍普金斯的家中。

总之，北美国税局给你的钱可不都是好拿的！

免税账户未受其利反遭遇罚款

在北美，人生有两件事是逃不脱的：一是死亡，二是税。

都说加拿大好，福利好、环境好，是人类最适合居住的地方。但天下没有免费的午餐，这一切的好都是要靠钱来维持的。政府自然是没有钱的，钱从哪儿来呢，羊毛总是出在羊身上，自然得从我们纳税人身上来。所以，加拿大的纳税人最好主动地、按时地缴税，千万不要与税务局扯上干系，不然就可能吃不了兜着走。

几年前的有一天，自认是守法的好公民的我，竟然接到加拿大国税局的一封来函，起先并不在意，以为是两税合并的通知。因为近年来加拿大政府为了“救市”，财政赤字大幅增加，而安大略省通过立法把购物时必须支付的联邦税（5%）和销售税（8%）合并了。也就是说，原先购物时好些只需缴纳销售税（8%）而无须缴纳联邦税（5%）的商品，从几年前的7月1日起但凡购物一律两税相加，买100元的商品必须支付113加元（5%+8%）。加拿大政府还为此改革美其名曰增加就业机会，而无数百姓直到现今都弄不明白两税合并怎么就能增加就业了呢？

薪资未到手，就先被至少扣去30%的税（收入不同，税率不同，最高可达58%），接下来买房子要缴税，拥有房产要缴税，买车要缴税，外出吃一餐要缴税，剃个头要缴税，投资盈利要缴税，存银行的利息也要缴税，总之是没完没了的税。

就在老百姓怨声载道之时，加拿大政府总算体恤百姓的疾苦，新增了一个可以省税的金融产品Tax-Free Savings Account，简称

TFSA，中文可翻译为“免税存款账户”，即每一个居民每年可以在这个账户存入5000加元（这一额度之后逐年增加，目前是5500加元/年）进行任何投资，所有的投资盈利一律免税。这么好的大事情，大家自然趋之若骛。我和太太小玲自然当仁不让，立刻到银行各开了一个账户，每人各存入5000加元共10 000加元。

然而事情出在几年前的5月初，我急需“调个头寸”，从这个“免税存款账户”取出3000加元，月底又存回去3000加元。结果“出事了”，拆开国税局的来信仔细一看竟然是罚款信件，总共罚款240加元，理由竟然是免税存款账户超额供款3000加元，并特地加强语气注明：“如果6月30日前不付清罚款，处罚金额的利息将会累加！”

当初政府宣传推出这个计划时，有一句话我记忆犹新：“TFSA提供了充分的灵活性和可撤销性。”当时开户银行的业务员明明白白地告诉我，这个账户最大的好处：第一，投资盈利不用缴税；第二，随存随取，只要结余不超过5000加元；第三，每年给予的配额“永不作废”，今年没有钱供款，配额可放到以后。我自认完全符合要求，怎么就要罚款了呢？

为了找到原因，第二天一早我就打电话到税务局询问缘由。很奇怪，平常打电话接听的多半是机器人（录音电话），但这次不同，电话一接通听见的是热情的招呼：“你好，我是戴安娜，有什么能帮到你吗？”接下来，戴安娜有问必答，非常耐心且不厌其烦，而我的一腔愤怒顿时熄灭了，尽管她的解释与银行的业务员出入巨大。

原来，从那年下半年开始，政府对TFSA做了新的调整，在同一年内存款是“单行道”，即存进去5000加元之后，那年的配额就到头了，取出来就不能再“补”进去，再“补”就是超额，那就要罚款了。这是对“今年没有钱供款，配额可放到以后”这条加上了时间条件限制，也就是说，像我这种情况必须要等一年之后才能把那取出来的3000加元再“补”回去（不过，那样其实又占了下一年的额度了）。

戴安娜进一步解释“超额部分每个月罚款1%”，而我那“超额”的3000加元每个月要罚30加元，5—12月共8个月，罚款金额共计240加元。

虽然我弄明白了罚款的来龙去脉，但心中还是觉得冤。这省税的账户中的5000加元，如果按定期3%计算每年可得150加元利息，假如再按30%的税率最多省去45加元税款，但罚款竟然要240加元（每年罚款率为12%），也未免太狠了吧？可已经这样了，只能赶紧开张支票寄过去。

在寄去罚款支票的第二天，我竟然看到了头条新闻——“免税户口做提存，迄今为止，全国7万人‘超额’受罚，纳税人怒斥政府‘诈骗’”，原来“倒霉”的不止我一个，好些人甚至被罚上千加元。其实，政府当初设立罚款的原意是打击那些投机取巧的投资者，避免在免税账户中放入过多的资金，但没想到竟成了“陷阱”。为此，新闻中有个会计师建议受害者：“为了避免进一步处罚，可以先按要求缴付罚款，同时可以递交RC4288解除税务申请表（request for taxpayer relief form），一旦被赦免可以拿回已交的罚款。”

我本想填一份RC4288寄给税务局的，不过后来转而一想G8和G20高峰会又将在多伦多举行，单单保安费就将用去纳税人13亿加元，就当为国家作一次贡献吧。

缩小贫富差距的“利益均沾论”

你觉得亿万富豪奢侈的消费，是否可以造福我们普通百姓？经济学家加尔布雷思（John Kenneth Galbraith）给我们的答案是：“如果你有足够的燕麦把马喂饱，剩余的就可以喂饱麻雀。”在经济学中，这一现象被称为“涓滴理论”（trickle-down theory），或可译为“利益均沾论”。

“涓滴理论”，指在经济发展过程中并不给予贫困阶层、弱势群体或贫困地区特别的优待，而是由优先发展起来的群体或地区通过消费、提供就业等来惠及贫困阶层或地区，带动其发展和富裕。

在好莱坞电影*Sabrina*（《萨布丽娜》）中，有一个场景形象生动地描述了“涓滴理论”。在影片中，由奥黛丽·赫本主演的萨布丽娜的父亲托马斯是华尔街大亨拉芮比的私人司机，每天必须接送拉芮比上下班。每天一大早，拉芮比一坐进汽车的后座，便习惯性的一面阅览《华尔街日报》（*The Wall Street Joumal*），一面拿着对讲机遥控发令买进或卖出股票，而前面驾驶座上的托马斯则把拉芮比的买卖指令牢记在心，然后依样画葫芦。几年下来，托马斯也居然赚足了钱，把女儿送进了巴黎一流的烹饪学校。

在现实生活中，“涓滴理论”现象可以说是比比皆是。通常来说，超级富豪生活上都配备了一级助理，甚至二级助理（一级助理的助理），包括私人医生、营养师、按摩师、保镖、律师、会计师等。外出时，游艇上需要驾驶员，喷气式飞机上得雇个飞行员，豪华的座驾上还需要守口如瓶的私人司机，如此一个富豪起码有十来个专人为其服务。

要论起富人消费的汽车来，大家肯定已经有先入为主的观念了，但实际是千差万别的。“福布斯”上的世界首富，墨西哥电信大亨卡洛斯赫鲁（Carlos Slim Helu），其座驾宾利欧陆飞驰（Bentley Continental Flying Spur）价值30万美元；甲骨文公司的创始人拉里埃利森（Larry Ellison）就常常自驾价值410万美元的凯轮F1飞驰在高速公路上，这款车型全球只有100辆，并在1998年被宣布为有史以来速度最快和允许上路的车，而它的研发和生产被看作是汽车技术的一次革命；比尔·盖茨的保时捷959 Coupe价值40万美元，它是由克林顿总统签署了一项联邦条例后才允许亿万富翁驾驶这些稀有豪华车上路的，因为这些车没有做过碰撞测试评级；《福布斯》（*Forbes*）2018全球富豪榜上名列第11位（全美第8位）的富翁、美国的金融数据巨头、彭博创始人、纽约市前市长迈克尔·布隆伯格的座驾奥迪R8价值只有十二三万美元，虽然它从0到60英里加速仅需3.2秒，但布隆伯格平时上下班时常以地铁代步；沃尔玛集团的资产继承人艾丽斯·沃尔顿的座驾是2006年的福特F-150国王牧场只有4万美元，与普通中产阶级使用的汽车差不多；更有甚之，宜家公司的创始人英格瓦坎普拉德，其身价估计有280亿美元，但他的座驾相当低调，只是1993年的沃尔沃240，估算价值仅仅1500美元。

综上所述，无论这些富豪再怎么花钱，最多只能成为大众茶余饭后的谈资，他们的消费占其净资产的比例相对较小，“涓滴”的仅仅是小众。就连美国三大车厂在多次罢工后争来的退休员工养老福利，也难以由公司自己的力量来维持，得靠美国政府相助才幸免关门大吉，突显了即便是大企业照顾员工的力量也极其有限，更何况一小部分超级富豪呢。

其实，“涓滴理论”不仅在经济学界备受争议，在政治家之间也一直争论不休。奥巴马所代表的民主党在2008年的总统竞选广告中称“涓滴理论失败了”，而奥巴马的竞选宣言和最终的竞选胜利撼动了小布什时代共和党的经济思维——减少向富人征税。

我们以拉弗曲线（the Laffar Curve）来说明税收（taxes）和收入（revenues）之间的关系。当税率为0，收入也是0，此时政府收不到钱；但是相同的结果也发生在当税率为100%的时候，试想如果你的收入全被政府征税了，当然就一分不剩了。

因此，当税率为0或100%就毫无收入可言，大多数人都会同意这一说法。问题是在这两个极端之间，按照拉弗曲线的假设，一旦税率太高，人们就失去了工作动力。例如，当你工作6个月赚了100万美元，按美国的累进税制缴纳50%。其后，当收入超过100万美元，超过的部分就将被征税90%。当知道赚100美元却只能留下10美元，那为什么还要工作呢？没有动力了。如此，政府也就收不到钱了。这就是共和党人所诠释的“涓滴理论”——减少向富人征税，以此鼓励富人把剩余的钱投入再生产，从而创造就业、眷顾穷人。

奥巴马代表的民主党曾提倡向富人征税。以遗产税举例，美国是实行遗产税的国家，通过对富人遗产的高额征税，来减低不劳而获的接代传富行为，意在实现代际接替的平等化，不致使富人的下一代过度赢在起跑线上。征得的遗产税款可以增加联邦收入，从而对弱势群体进行补贴，以增进社会的整体效益。

但遗产税这一税种的争议一直很大。美国遗产税自1797年首次开征以来便时征时停，税率也起起落落，各派政治力量围绕遗产税的角力至今余波未平。在1999年、2000年，共和党控制的美国国会曾两次通过废止遗产税的法案。

例如，2001年美国遗产税的个人起征点为67.5万美元，夫妇为135万美元，税率是55%；而到了2011年，个人遗产税的起征点改为500万美元，夫妇为1000万美元，税率降至35%；但是到了2013年，遗产税的起征点又调低了，变成了100万美元，夫妇为200万美元，而税率却升到了55%。

根据美国财政部2006年的数据，占比5%的美国富人，纳税额占联邦政府个人所得税收入的57.1%；而占全部纳税人近50%的低收入群体，纳税额仅占所有个人所得税的3.3%。如果取消遗产税，将使美国政府在未来10年减少8500亿美元财政收入，从而减少对社会保障、教育等领域的资金投入。虽然遗产税只影响美国不足2%的最富裕家庭，但假如取消遗产税，全体美国人都将付出代价。

所以，仅靠富翁的消费来带动眷顾大众的利益，是极其有限的。也就是说，一方面要把资产的蛋糕做大，另一方面更重要的是如何合理分配资产蛋糕，以避免贫富悬殊差距过大，确保社会的经济健康发展。

第三章

北美房市、物价与移民

去北美移民，也就是去美国、加拿大移民越来越热，那么去北美移民到底要注意什么呢？北美的房价如何？北美的物价如何？在北美炒房到底赚不赚钱呢？如果不买房，在北美租房又是一个什么情况呢？面对华人的炒房热潮，北美当地人是怎么看的呢？

贫富混居那些事儿

1990年我和太太刚到美国克利夫兰的时候，由于对美国缺乏了解，生活十分缺乏计划安排。我们交完房租和第一个学期的学费后，身上带的钱就已经所剩无几了。我们的全部家当，除了两个大箱子里有些四季替换衣物，连锅碗瓢盆这些最起码的生活用品都没有。

为了离学校近，那时我们租住在克利夫兰最繁华的CBD周围，相当于北京二环以内的区域，大银行、大商场、大饭店比比皆是，小商店和街头小摊也不计其数。尽管美国是全球最富裕的国家之一，可像我们这样的穷人混居其间竟然也可以生活得有滋有味。虽然我和太太的钱袋是瘪的，可我们window-shopping（浏览橱窗式过眼消费）的劲头倒是挺足的，打完工顺着回家的路还可以尽情欣赏街边琳琅满目的橱窗，偶尔还会有惊喜和收获。

我俩最初的收获是来自高级百货商店边上的一家勤俭商店（thrift store），也就是二手旧货商店，里面都是生活必需品。我们只花费了4.5美元，就买到了一个中国制造的多用锅。人在穷的时候特别有“创造力”，在美国人眼里的一个普通锅，竟让我们看出了多功能用途。锅有两层，把里层拿掉可以煲汤也可以炒菜，放上里层可以做蒸锅，还可煮通心粉。在那里，我们俩还买过一把两用刀，不但可以削水果皮，还能切菜，也只花了0.5美元。现在，它成了我们留学期间唯一保留至今的艰苦求学时的见证物。

现在，我们步入了中产阶层，很少再光顾勤俭商店。但是想起那段日子，还是要感谢中国经济的崛起，使生活在北美的人充分享受到价廉物美的中国制造。我和太太是洋人眼里的“city animal”（城市动物，指爱在城里的闹市生活的人），喜欢身居闹市穿梭于大街小巷逛逛商店，逗留在书店翻翻书，闲暇时坐在街边喝杯咖啡。在我们居住过的城市，无论是纽约、克利夫兰还是多伦多，不管是繁华的商业区，抑或租金昂贵的商业大街，逛街时仔细观察都会发现各种勤俭商店总是混杂其间，更是多了许多“99分钱”或“Dollar Mart”（“1元店”）商店（绝大多数商品都不超过1美元，加拿大也有类似的Dollarama店）。

初到北美的人，如果想省钱，不妨多走走看看。因为同一种商品同样的中国制造，在不同的地方买价格会差异很大。譬如电话cable（电缆）线，到大商店Best Buy（译为“百思买”）去买，包装精良，需花费12.99美元。如果到“99分钱”商店去买，无包装，只需花费1.99美分。当然，Best Buy的产品材质要好一些，不过功能绝对相同。

再如，北美人最爱吃的冰激凌，高级品牌店一个蛋筒冰激凌卖5美元左右，而隔壁的快餐店却只卖1美元上下。在繁华的商业街上，可以花300美元吃一餐法国大菜，也可以到卖热狗的小摊位花3美元或3加元饱餐一顿。如果还想花更少的钱吃一餐，可以到大超市花2美元买一大袋法式面包回家抹点花生酱那也是一餐，若以我的饭量计，一袋面包大约可以吃五餐。

人们不禁要问，在昂贵的商业区开设如此薄利的商店，能够生存下去吗？回答是肯定的。根据我的观察，发现这些廉价商店得以生存并产生利润，是因为这一区域内存在着庞大的消费群体。也就是说，有相当数量低收入的“穷人”，就像是20多年前的我们也曾经混居于这样的商业繁华区一样。

再以多伦多为例。在多伦多的繁华商业区，收入的两极分化以及中产阶级的逐渐消失，导致了城市居住人群有了明确的区域划分。沿着加拿大最著名也是全世界最长的央街（Yonge Street）走廊，再延伸至东部和西部的布鲁尔大街（Bloor）和丹福斯大街（Danforth）是富裕阶层的主要居住区域。

然而，在多伦多有40%的贫困区域（现在称为市郊，也是20世纪六七十年代以汽车作为导向的发展区域）仍然位于传统的市中心街道，居住着110多万居民。其中，有近1/3的人收入低于联邦政府规定的最低基线，生活在频繁找工作的贫困中，而他们主要是在外国出生的居民，现在也依然如此。

在1998—2000年的那3年里，我们住在多伦多。在所居住的区域的豪华公寓对面，就有一栋由政府资助的穷人公寓。与我们所住的公寓相比，除了没有游泳池和各项娱乐设施，外观不相上下，房客每个月只象征性地交300加元左右的房租。虽然只需要花到当时我们住的公寓的20%租金，但享受到的空间比我们住的还要大。起初我们还不知情，后来陪朋友找公寓，朋友嫌公寓太贵，而房产经纪指着那栋公寓开玩笑说，如果够条件住进去，靠在政府身上不知有多舒服呢。

此话不假，多伦多的穷人靠在政府身上，只要不奢华，一般生活都可过得去。如果是单亲家庭，孩子享有政府的牛奶金，上了岁数的老人享有老人金，低收入家庭可领取政府的房子补贴，如住进廉价公寓。

除了政府以外，各种慈善团体还会组织不同形式的社会关怀。譬如每到圣诞节，我们所居住的公寓大门口，在巨大的圣诞树边上，还会摆上两只巨大的圆桶，大楼居民会根据自己的能力奉献爱心，诸如往桶里放进通心粉、麦片、罐头、糖果、糕点等。所有捐献的食品（几百栋豪华公寓奉献出来的食品），都由义工送到一个地方，再被统一分配到需要的家庭。

其实，政府哪里来的钱，还不是从我们纳税人这儿来的。我时常想，昔日如我这样的穷小子而今有能力为别人奉献爱心，这样的愉悦比得到任何物质享受都来得长久，谁不乐意呢？再说了，穷人、富人的区别只在于拥有财富的多少而已。穷人通过奋斗可以成为富人，富人也可能因破产而沦为穷人。最关键的是，不管穷人、富人在上帝面前都是平等的，应该相互帮助，和睦相处。

一个社会一定要让穷人过得舒心，如果穷人不舒心充满戾气的话，那富人也不会舒心。也正因如此，在北美繁华的商业区，形成了不同价位的商店服务于不同的消费群体，富人可以选择质量好、价格比较昂贵的商品来消费，而穷人也可以选择价位低、耐用性略差的商品来消费。大家各得其所，贫富混居也能够舒舒心心过好日子。

租房而居的都市人

现在，租房已经渐成北美人，特别是北美青年人住房的首选。

北美租房而居的人越来越多，收入越来越高，年龄越来越大。

根据美国人口普查局的数据，在过去10年里，年收入超过10万美元的租房家庭数量增长了160万个。目前，超过2240万个家庭的租房者年龄超过40岁，大部分新建公寓迎合了这些富裕家庭所希望的餐馆、公园、体育场馆和办公室就近的生活模式。

在北美，商品房市让市场去调节，而租房市场由政府控制，政府向拥有土地和房子的主人征收房地产税，将这笔钱投入租房市场补贴给房客，“劫富济贫”。拥有房子者，享受了成功的喜悦，拥有的快感，而房客们居有定所，可谓皆大欢喜吧。

众所周知，纽约是全美住房消费负担最重的城市，曼哈顿更是寸土寸金，房价高得没法想象，看得见景色的公寓动辄几百万美元，甚至上千万美元一套。不过，纽约的租房市场，却因为政府与私营部门的合作，而长期维持着稳定的状态。

其实，欧美的多数国家多少年来租房者和拥有住房的比例各占一半，大城市的租房比例则更高，并且还不是暂时租住而是一种居住常态。由于欧美的高房地产税，政府征收了房地产税之后便大量提供各种类型的廉租房，使大多数民众并不需要非得购房而居。

例如，我在纽约时居住在曼哈顿内的罗斯福岛上，环境幽雅，闹中取静。我所租住的高级公寓是联合国出资建造的，主要提供给联合国的工作人员，对他们收取的租金相当便宜，而对于像我这样的非联合国工作人员则租金随行就市，每月需付租金2500美元。其时，曼哈顿的地产税高达3%，假如我买下所租住的公寓至少要100

万美元，每年的房产税就要3万美元，再加上几千美元的管理费、水电费等，根本“得不偿失”！

在罗斯福岛上，还另有两类公寓可以居住。一类是政府提供给低收入家庭居住的，只要家庭年收入低于规定的金额就可以申请入住，租金比普通市面上的公寓低30%～40%。我曾经的一个同事有一年失业了，却“因祸得福”年收入正符合申请标准，于是租到了这一类公寓。第二年，这位同事的太太也上班了，两人的收入大大超过了申请标准，但政府又不会年年查证，结果一住数年。直到孩子到了学龄期，他们才为了孩子的教育不得不搬离罗斯福岛。

另一类公寓的租赁方式又别具一格，搬进去时承租人只需交纳当年的薪金（按年薪计），以后无论租住多久都无须交纳房租，只需按月交付几百美元的管理费。如果住腻了想搬出去，那笔预付的薪金便会退还，但是不偿付利息。试想，这样的买卖简直太划算了，一旦入住这一类公寓，几乎无人搬出去，除非老死。不过，因为房产不是你的，房价涨得再高也跟你无关。

这种居住方式在欧洲就更属常态了，我曾有专文详谈德国的住房情况，这儿就不另赘述了。

在北美，多少年来对于租房还是买房，对于普通百姓来说只不过是选择不同的生活方式而已。事实上，远观北美一百多年来的房价走势，基本上仅仅和通胀率持平，也就是说房地产对普通人而言并不是投资品的选项。

在北美，通常来说单身者基本选择租房，丁克家庭也多半租房而居，一般只有结婚后有了孩子才会考虑搬到郊外或者小城镇选择买房子，过上另一种大家庭的生活。例如，股神巴菲特年轻时就一直租住一居室的公寓，直到结婚生下第一个女儿后才购房而居，可那时他早已是百万富翁了。顺便提一下，巴菲特至今依然住在那栋老房子里……

2008年的次贷危机，使得美国房价连续下跌了五六个年头，之后虽然回升，可迄今还没有回到之前的高位，摧毁了很多移民以拥有房子为主的所谓“美国梦”。

再以房价最高的纽约来说，纽约市政府长期以来实施廉租房政策，使符合条件的中低收入阶层每月都能以较少的租金租住较好地段的一居室。例如，位于曼哈顿下城有一个斯泰佛森特社区，大约有100多栋居民楼，共占据6个街区，所有公寓一律面向中低收入阶层收入群体。

在该社区，一套面积约60平方米的公寓，客厅约为30平方米，卧室有15平方米，外加厨房、厕所和壁橱。如果按曼哈顿的租房价格，目前每个月租金要3000美元，但是在该社区这样的一居室只需1500美元。租房的好处关键在于，如果房内出现下水道堵塞、停电、冷热器设施故障等问题，一概由房东负责上门维修，而且小区的外围设施非常完善，中心地带有喷水池和草地绿化，以及24小时保安巡逻。

在北美大城市，超过35%的大众选择租房居住，这与健全的“商业租赁法”是分不开的。法律规定，房东不能随意涨房租，不能轻易毁约，更不能随性赶走房客；在更换新房客之前，必须将房屋修缮一新，由房东负责日常维修服务。如此一来，法律最大限度保障了租户的利益，使房客享有充分的安全感。当然，如果是租户使用不善造成的损坏，一切经济后果由租户自己承担。

在纽约曼哈顿，更有超过90%的人租房而住，而能在曼哈顿拥有房产的都是钱多得发霉的主。例如，当年宋美龄女士居住在中央公园边上的那套penthouse（顶层豪华公寓），价值七八千万美元，每年单房地产税就要缴纳200多万美元。

很显然，完善的法律和政府的系列廉租措施，使纽约这一国际大都市甚至“世界之都”吸引并留住了大量的人才，特别是收入相对较低的年轻人，令纽约长期以来维持着“铁打的营盘（固定的房子），流水的兵（房客）”，人口一直维持在800万，而人口的不断流动使纽约保持着新兴城市一般的活力。

只有人口不断流动，才能保持城市的活力。一个城市，一旦住房拥有率的人口超过了70%，这个城市就会因为老化而失去活力了。

北美的房东和房客

在中国，一线城市如北京、上海、广州、深圳的房价一直居高不下，尤其是北京、上海、广州的房价已飙升至天价，租售比已经超过500倍、800倍，甚至1000倍也随处可见。从金融、财务角度而言，租房是合适的，但中国的老百姓宁愿砸锅卖铁、壮士断腕，甚至不惜动用“六个钱包”也非买房不可。这一现象除了中国人血液里的“拥房情结”外，国内租房的大环境不利于租客也不得不说是一大因素，因为在中国房东就是“爷”。

但在北美，这一点正好相反。

在北美，特别是大城市，之所以有超过35%的大众选择租房居住（在欧洲，这个比例更高达50%，有些国家如德国这个比例更大大超过50%而高达58%），这是与健全的租赁法分不开的。法律规定，房东不能随意涨房租，不能轻易毁约，更不能随性赶走房客。同时，在更换新房客之前，还必须将房屋修缮一新，由房东负责日常维修服务。因此，法律最大限度保障了租户的利益，使房客享有充分的安全感。

我的朋友老丁，20世纪90年代的时候在美国纽约买了一幢独立的小洋楼。待孩子大了搬出去后，家里就剩下他和老伴儿，上下三层空落落，于是他便把地下室装修好租给了一对年轻夫妇。

有一次，老丁回中国度假，半夜时分一阵电话铃声把他从梦中惊醒。原来是房客打来的，说厕所漏水了，要他赶紧找人修理，不然就要“水漫金山”了。老丁急忙对房客说，这三更半夜到哪儿找人去啊。那边房客说，三更半夜，现在不是中午吗？老丁忘了中国跟美国纽约有12个小时时差（冬天相差13个小时），中国的半夜正好是纽约的白天。

老丁身边又没有水管工的电话，只能上网找了家“正规”的修理公司。由于老丁不在现场，只能随修理公司开价，结果月底收到了1200美元的账单。无奈，老丁只能怨自己度假没挑好时候。

在北美，租客是受到法律保护的。各个州（美国）、省（加拿大）、市都有*Tenant Protection Act*（《租客保护法》）和*Rental Housing*

Tribunal（《房屋租住条例》），条款明显都是“偏心”房客的。

例如，在加拿大最大的城市多伦多有130万～140万房客，超过人口的35%，其中有约5%的租客拖欠房租，只要有正当的理由如被裁员、拖欠房租在一定时间内，房东就不能驱赶房客。不过，即使这样，还有1.5%的租客甚至在没有交足房租的情况下赖掉房租一“搬”了事。

话说老丁度假回去后，房客说他失业了，房租拖欠3个月，还白用他的水、电、煤和宽带上网。老丁那个急啊，但房客是受法律保护的，还不能随便赶他走，于是只能自认倒霉了。3个月后，房客总算同意搬走，老丁感觉好像烧了高香一般。

其实，老丁那事儿还只是小菜一碟，而老刘与老丁一比就真算是倒了大霉了。

2015年，老刘在多伦多购买了一幢独立屋，然后把地下室装修后出租赚钱。2017年底，老刘换了租客，那是来自中国南方某城市的一家四口。由于平时分门出入，老刘很少与租客打交道。出于信任，老刘也几乎不进地下室。但2019年1月初，租客上楼找他们反映地下室的下水道堵塞了，老刘和太太赶忙下楼检查。这一看简直是大吃一惊，原本装修整洁的地毯满是污渍，墙壁被划得一道一道的，东西堆放得乱七八糟，卫生间污糟不堪，炉头周围油渍斑斑，水池里堆满了碗筷。

这倒也算了，由于下水道堵塞严重，老刘只好请专业人士前来处理，结果掏出来大团大团的头发，还有菜叶、咖啡渣之类的垃圾。原来，这一家租客经常把吃剩的东西往马桶里倒。

老刘要求租客打扫和维护好居住环境，但几个月下来也没见改善，于是想提出终止租约。但是租客拒绝搬走，并表示法律是保护租客利益的，房东没有权利赶走租客。最后，老刘只好求助于安大略省房屋出租法庭（Ontario Rental Housing Tribunal）。

但是，在打官司期间，房客可以利用法律的“灰色地带”，在等待上诉判决前的一段时间继续住在租住的房子里而不再交房租，直到3个月后有人上门驱逐才选择离开。如此，真成了“可恶的爷”了。

老刘因为受法律限制，只能被迫让租客继续居住数月。3个月后，打了场官司才把那个房客送走。如此，6个月房租加上律师费和房屋的修缮费用，一共损失了1.2万加元（超过6万元人民币）。

老刘忍不住对朋友抱怨：“真是请神容易送神难！没想到在北美做房东费力不讨好，以后再也不想出租房子了。”

不过，以上两则故事是比较极端的个例，绝大多数房东和房客是和睦相处、皆大欢喜的。

在北美，法律之所以保护房客的利益，前提是因为房东属于有产阶级，而租房者相对来说就属于弱势阶层。

生活方式的选择：居住闹市还是郊外

人们居住在世界各个不同的地方，各自选择了不同的生活方式，而不同生活方式的选择又会倒过来改变人们的心态和状态，甚至改变整个地区的状况。在北美，选择生活在市区内还是郊外，对许多家庭和个人来说有时会产生一些犹疑。

通常来说，单身特别是专业人士喜欢住市区，他们会选择公司附近的公寓居家生活，结婚生子后才会移居空间较大的郊外。但无论选择哪一种居住环境，高质量的生活品质是人们考虑的要素之一。那么，这两种生活方式有什么利弊呢?

以我所居住的多伦多为例，市区及繁华商业地段的公寓楼都配备了各种现代化设施，包括卫星通信设施、室内游泳池、桑拿浴室和健身房等。走出公寓楼的几条街之外，便有大型购物商场、影剧院、餐馆、咖啡厅等，摩天大楼鳞次栉比，城市的繁荣和辉煌尽显其间。

随着多伦多教育设施的完善和就业机会的增加，吸引了世界各地的人慕名而来。特别是市区中心各种现代化设施齐全，工作机会颇多，教育、医疗设施先进，生活便利，令大部分新来的人喜欢在此定居，导致人口不断增加，拥挤不堪。

然而，经济迅猛增长伴随着过度工业化，也给人们带来了噪声污染和空气污染等环境问题。科技革命虽然拉近了世界的距离，但人们彼此之间的距离反而越来越远了，因为大楼、高墙挡住了邻里之间的互动，形成了以自我为中心的社会特质。于是，在城市的繁荣表象下，一颗颗浮躁的心便再也无法宁静下来。

再如纽约人，尤其是曼哈顿的“New Yorker”（曼哈顿人觉得只有居住在曼哈顿里面的人才能算是真正的“纽约客”），他们蜗居在那片小小的狭长的半岛上自得其乐，根本不屑踏入对岸的布鲁克林或皇后区，甚至哪怕在那里驻足片刻。他们总是自我感觉真是好极了，与陌生人交往的时候很冷淡，通常保持“18英寸”的距离，似乎时刻保持着高度的戒备心。

不过，相比市中心高耸入云仿佛森林般的混凝土建筑，北美的郊外可谓地广人稀，一幢幢前庭后院的洋楼分布很广。如果足够富有，房子的后院可种植瓜果蔬菜，并附带游泳池及漂亮的后花园，丛林外或许还有食草动物帮助维持生态平衡。

由于郊外居住人口相对较少，人口密度大大低于市中心，有充足的空间和绿化，使空气中的污染减少了，居民生活比较接近大自然。此外，郊外相对慢节奏的平静生活，减少了由城市快节奏带来的生活压力，使人们更富有慷慨之心，邻里间的友善互动也更频繁。

然而，从经济学的角度来分析，如果在郊外生活，房子占地面积大，用电量和暖气消耗也很大，出外购物必须驾车，而一个四口之家通常需要两辆车，极其浪费资源。于是，美国前副总统戈尔制作了有关全球气候变异的纪录片《难以忽视的真相》，呼吁美国人在家中尽量减少电力消耗，以节约能源。该片在世界各地获得了多个奖项包括奥斯卡奖，让选择郊外生活的居民似乎也受到了一点触动。

总之，居住闹市还是郊外各有利弊，就看你选择什么样的生活方式吧。

例如，美国前副总统戈尔有一幢豪宅，位于纳什维尔豪华的贝尔米德（Belle Meade，Nashville）地区。根据纳什维尔电力公司（NES）的报告，戈尔家一个月所消耗的电力是普通美国家庭整整一年的消费量。有一年，戈尔家每月平均消耗电量为18 400千瓦时，一年消耗近221 000千瓦时，平均每月电费超过1359美元，再加上天然气，他家一年在纳什维尔的房产上的电费、气费总共支付了近3万美元！

戈尔郊外豪宅的能耗浪费只是北美郊区家庭的一个缩影。从20世纪50年代起，美国就已经完成了城市化，郊区（suburbs）人口从1950年的23.2%增加至1999年的57%，因此美国也成为全球第一大能源消费国，其中2010年电力能源使用率比2000年增加8%，但势头还是有一点点收敛，比2007年的峰值低1%。

显然，郊外别墅洋楼式的生活模式并不适合人口密度大的国家。

朋友租房之“奇遇”

近几年，多伦多因加拿大的超低利率，以及以中国人为主的移民蜂拥而至抢房，房价持续上升，被多家国际金融机构（如我的老东家瑞信）评为全球房价泡沫最大的城市。不过，随着美联储加息缩表，以及多伦多政府对炒房出台了各种限制措施等原因，拐点已然显现。在行情还未完全明朗的时候，更多的人选择了租房。然而，租房虽然方便，但也得注意防范被骗，因为加拿大多伦多同样也会有骗子利用便宜的租金做诱饵来行骗。

例如，我的一个朋友租房的时候就遭遇过这样的骗局。

那年，朋友约瑟夫从纽约搬回多伦多，暂住在亲戚那里。眼看多伦多的房价太高，可能就要下跌了，所以他准备先租房。一天，约瑟夫兴奋地给我来电话，说在多伦多最大的报纸上看到一则招租广告，多伦多金融区两居豪华公寓，面积超过1100平方英尺（相当于100平方米左右），全套家具、家用电器、洗衣、洗碗机等一应俱全，甚至还附带两个车位和一个超大储藏室，而租金只要1200加元。

多伦多金融区带两个车位的两居豪华公寓只租1200加元，这可能吗？当时，这样的豪华公寓每月租金2400加元都算是便宜的了。就算买下这套公寓，需要60万～70万加元，光是每个月缴房地产税就需要500～600加元，加上大楼管理费700～800加元。如果租金只有1200加元的话，那房东岂不是一分钱都不赚还要倒贴了。如果约瑟夫要是做二房东分租一间出去，而且还能收回1000加元。于是，我提醒约瑟夫，“Too good to be true!”（好的不可能了！），别上当啊！

约瑟夫说：“我有数。不管怎样，我去电邮询问一下房东安娜总没关系吧。”

过了两天，约瑟夫兴奋地又来电话：“安娜回复了！”房东安娜在电邮里详细解释，说她不是为了房租出租公寓，是因为急需到英国伦敦工作3～5年，来不及处理房子事宜，只能请房产中介代劳，希望寻找负责任的房客，必须视公寓如同自己的财产。同时，由于申请者众多，约瑟夫必须详细介绍自己的情况，她将“慎重挑选”。

听上去倒像那么回事，还有竞争。但我还是再次提醒约瑟夫，那个安娜和他非亲非故凭什么好事要挑他？

但约瑟夫反驳道，如果安娜是骗子，她想骗什么？想想也对，安娜并没要求约瑟夫寄支票，还聘请了房产中介代管各项事宜，她能骗什么呢？或许是我把别人想得太坏了，虽然我们看到的几乎都是白天鹅，但并不等于这个世上就没有黑天鹅存在，说不定约瑟夫中了头彩呢。不过，我还是强调，不管怎样，小心为上，切记切记！

约瑟夫倒也“冷静”：“这则广告又不是只有我看到，申请者肯定不计其数，我还不一定能租到呢。”

为了租到公寓，约瑟夫把自己多年的工作经历如数家珍一一告知安娜，还特地强调收入有保障，潜在之意是绝不会拖欠房租，没孩子也不养宠物，并有多年租房史，保证确保公寓非但不会受损而且还会像保护自己的眼睛那样保养房子。为使安娜放心，约瑟夫特地加强语气，在电邮的开头就写道：“我就是你要找的‘最佳房客’！”

第二天，约瑟夫再次收到安娜的回复，大意是对约瑟夫提供的信息很满意，约瑟夫已经从众多申请者中进入了下一轮的人选之列！安娜要求约瑟夫提供全名、住址，她会将这些资料告知房产中介公司，待中介公司调查核实之后就会把租房合同寄到。最后，安娜提醒约瑟夫，别忘了把第一个月的房租支票按她提供的地址寄给中介公司。

约瑟夫连公寓都没见过却要他寄支票过去，不得不令人生疑，又因为我有言在，于是他多了一个心眼，很客气地发电邮问“安娜”在寄支票之前能否先看一看房子。

之后，“安娜”便杳无音信了……

“厉害”的房地产税

在欧美，房地产税是调节房价的最重要的利器之一。

在北美，只要房产权属于私人所有，即便房屋的主人去世，也必须缴纳房地产税，每年缴纳的税率从1%～3%不等（视房子所属的不同地域而定），平均为2%。也就是说，假如你花20万美元买一栋房子，那你每年就要为这栋房子缴纳4000美元的房地产税，且房地产税的征收计算是根据你所拥有房子的市值来决定的，每两年调整一次。换句话说，房价越涨，房地产税越高。如果税率为3%，哪怕房价不涨，每三年（即使不算贷款利息）的实际付出已超过房价的一倍。

其实，在北美，房子和汽车一样属于消费品，并不是投资品，房价是进入CPI（consumer price index，消费者物价指数）加以计算的。所以，一旦房价高涨，CPI超过5%的话，便属于恶性通胀，政府就非得出重手。例如，在里根时代，美国一度恶性通胀，政府便连续加息一直加到18%，硬生生地遏制住了通货膨胀。同时，因为借贷成本太高，房价应声回落。

但是，之后美国政府出台了一系列涉及抵押贷款的政策。例如，政府直接或间接为自置房屋保证6.5万亿美元的联邦住宅贷款；自住房的贷款按揭利息和土地税，都可以从年底的个人所得税中加以抵扣；“社区再投资法”通过放低银行贷款门槛的政策，鼓励低收入家庭自置居所。由于政府对房地产业的积极推动，引起了“引发次贷危机”的有关辩论。所以，奥巴马在2012年的财政预算案中提出了限制抵扣自住屋的房贷利息，即意味着拨正原先被扭曲的联邦税法。

另外，欧美政府在征收了高房地产税之后，大量提供各种类型且租金稳定的住房，使大多数民众并不需要非得购房而居。

例如，在欧洲的多数国家，多少年来租房者和拥有私有住房的比例为各占一半，大城市的租房比例则更高，像德国就有高达58%以上的人一辈子租房而住。即使在地广人稀的美国，次贷危机爆发之前拥有房子的屋主数量破了历史最高纪录，却依然还有超过32%的人租房而住。加拿大与美国一样地广人稀，但租房而居的比率也依然高达33%。

作为参考，现将欧美主要国家的住房拥有率概括如下：

德国住房拥有率：42%；

丹麦住房拥有率：51%；

法国住房拥有率：55%；

奥地利住房拥有率：56%；

葡萄牙住房拥有率：64%；

加拿大住房拥有率：67%；

美国住房拥有率：68%；

比利时住房拥有率：71%；

…………

（注：中国的住房拥有率超过90%。）

当然，房价的高低涉及每一个人的利益，购置了房子的家庭自然不希望房价跌，而无房想买者自然不希望房价涨。但是世界各国的无数案例和事实表明，由于购房一般用的是信贷消费模式，值得注意的是，一个国家和地区的住房拥有率越高、房价越高的地方，实体经济就越差，离金融危机的爆发点也越近，而且康复和恢复经济的时间将越长！

在北美，平均2%的房地产税是一个控制房价的平衡器，而房贷利息的随时上涨，以及政府“劫富济贫”所推出的大量廉租屋，由这三种利器糅合在一起好似绞索一般套住了房价的恶性攀升。所以，北美的房价不可能无节制地涨到天上去。

如果真正渴望遏制投机炒房，使房价回归正常合理水平的话，不妨全面借鉴北美那些行之有效的方法。针对中国的高房价以及投机炒房，提出三个具体建议：对第一套自住房采取免缴房地产税，第二套自住房少缴税，而对所有投资房课以重税。同时，政府征收了房地产税之后，可以将部分税款用于廉租房的建设。

这样才能从“居者拥其屋”的迷思中解脱出来，尽快达到“居者有其屋”，使每个人都能安居乐业。

如果真想调控房价，有两把利剑最为有效：一是加息。升息的结果就是收紧信贷，斩断了“血液”的供给。华尔街有一个模型，房贷利息每升1%，房价就会下跌5%～10%。真所谓“成也萧何，败也萧何”，当初吹大房市泡沫，低息放松信贷立了“头功”，如今“解铃还得系铃人”。

二是开征property tax（更确切的翻译应为“财产税”，房地产税属于其中一类）。在北美，房地产税分不同地段好坏，每年将房价1%～3%的税金缴纳给政府。很显然，房地产税的“奥秘”就在于随着房价的上升，税额也跟着上升，一直升到房主付不起为止。

付不起怎么办？无非两种选择，房主最后要么卖掉房子搬离喜爱的区域，要么将卖不掉的房产乖乖地、无偿地奉送政府。这真可谓是“劫富济贫”的奇招。

不过，在房地产泡沫弥漫之时，中产阶级也会深受其害。

我有一个好朋友，为了孩子能在好学区受教育，多年前夫妇俩就在纽约上州买下了一栋50万美元的房子，与克林顿总统退休后居住的房子同在一个区，可以算是克林顿夫妇的近邻，地段特别好。前些年，房价猛涨，他们的房子市价一度高达100万美元。有一次聚会，我恭贺他们成为“百万富翁”了。没想到，他们苦笑道：“有什么好祝贺的。这几年property tax随着房价年年涨，本来是1.5万美元的税，但现在房价100万美元，我们现在要缴3万美元了。再这样下去，我们明年可能就住不起啦！”幸好后来房价开始下跌，目前他们的房子已回落到了70万美元以下，这才松了口气。

对于富人来说，房地产税这把利剑更为犀利。

众所周知，纽约曼哈顿是全球最富有和最具活力的城市。可是很多人不了解，其实在曼哈顿有高达90%以上的居民都是租房而住。曼哈顿房价之高令人震撼，一套百万美元以上的普通公寓稀松平常。

之前提到，我曾在曼哈顿生活多年，一直租公寓居住，最后那几年每年租金约3万美元。其实，在曼哈顿，即使百万年薪的华尔街银行家，也都是租房而住。

例如，无偿奉送政府的卡萨罗马（Casa Loma）城堡本是加拿大最大的私人府邸，它坐落在多伦多上城，原是金融家亨利·佩拉特爵士给爱妻建造的。不过，在大萧条之后的第一次世界大战间，多伦多市政府给卡萨罗马增加物业税了，从每年的600加元增加到每个月1000加元（这在当时是巨款），最后因为负担不起27 303元税款而收归为多伦多市政府。如今，卡萨罗马城堡作为博物馆对外开放。

其实，政府从富人的房产上征税，等于在贴补普通工薪阶层，因为政府规定每年房租上涨幅度不得超过3%，以期将房租控制在普通百姓可以承受的价格。

由此可见，房地产税收这把利剑涉及社会、经济和普通百姓的利益，运用得当至关重要，应该慎之又慎。

美国炒房能赚钱吗

据来自美国全国房地产经纪人协会（National Association of Realtors，简称NAR）最新数据显示，海外买家用于在美国买房的每1美元中就有24美分出自中国人。

中国人去美国买房子的这么多，真的可以大赚吗？现据我在北美的所见所闻，特总结如下：

1.赴美购房有7成人是亏的

在美国，炒房的成本很高。首先，地产商在确认购房者本人入住后，才会办理产权出售手续。其次，业主入住一段时间后，才可以出租或再卖，一般是一至两年。最后，购房之后不允许房屋空置，否则业主会被要求缴纳费用雇用公司管理。如果把房子委托给当地房地产管理公司出租，还要被收取至少3%的租金手续费。

2.买房便宜养房难

其实，在美国买房后真正恐怖的还是后续的房地产税、房屋保险等一系列费用，有人形容这是无底洞。例如，仅仅一套30万美元的房屋，每年要缴税至少4000美元，管理费、维修费和其他杂费一年也要上千美元。另外，购房之后绝对不允许房屋空置，否则业主会被要求缴纳费用雇用公司管理。如果把房子委托给当地房地产管理公司出租，还要被收取至少3%的租金手续费。

3.用投资房产移民美国没那么容易

许多中国买家通过美国政府的EB-5投资移民项目购买房产，该项目被认为是拿到绿卡的快捷途径。不过，在美国当投资移民一般要求投资人必须亲自管理投资项目，并且还得直接创造10个就业机会。

其实，买房和移民没有什么必然联系。假如投资项目失败或者无法证明自己的项目直接或者间接提供了10个就业机会，绿卡也就和投资一起鸡飞蛋打了。

4.想用美国房地产市场洗钱更是难上加难

美国法律对洗钱防范严厉，在美国买房洗钱虽然有可能，但操作十分困难。美国有严苛的反洗钱法，银行存取现金金额一次超过1万美元是必须报备FBI反洗钱调查组的，即便是变通的“每天存取9000美元，连存数个月”这种擦边球也不行。这种大额度的现金转移，如果不能说清来源用途，被查到了一定会以洗钱罪名法办。

5.不在美国工作的外国人多半只能全款买房

据来自NAR的数据表明，将近70%的中国买房者都是现金付款。对于不在美国工作的外国人来说，除非在美国银行有巨额投资存款或用已有房屋做抵押贷款，否则只能用全款买房。

6. 在美国买房必须请律师，各种花费不菲

除了请中介，美国买房子必须请律师，光律师的各项收费加起来就有好几千美元。另外，当地政府也要趁机收一笔钱，什么税务服务费和贷款税加起来又是两三千美元。

怎样移民加拿大

加拿大联邦政府从1986年开始执行投资移民政策。也就是说，只要某个外国公民能证明自己拥有160万加元（约合人民币1000万元）以上的净资产，并“无息”借给加拿大政府80万加元（为期五年），即可取得永久居民身份。

加拿大政府原本希望通过这个项目为当地经济带来巨大的“无息贷款”，并促进政府税收和各种就业机会的全面增加，然而现实情况却并非如此。

有些投资移民加拿大的是为了孩子的教育和晚年的退休生活，他们在获得加拿大的居留权后，将事业及产业从原居地连根拔起，完全彻底地移了过来。但也有所谓“候鸟型”的投资移民，这些移民非但没有把事业和产业转入加拿大，甚至很大程度上还不算加拿大的缴税居民。他们除了转入一部分资金供日常开销外，最多也就购置一栋房子、一辆车，对加拿大的经济贡献与其他移民别无二致。

完全扎根在加拿大的投资移民，由于放弃了原居地的工作与事

业，短期内会遇到语言障碍和就业困难，想让他们对加拿大的经济作出贡献也绝非易事。试想，对于一个没有收入来源、完全依靠以往积蓄的家庭来说，是不可能放开手脚消费的。但加拿大是出了名的“万税之国”，衣食住行样样赋税，一个有房有车家庭的日常开销一个月需要约4500加元。假如一个投资移民入境时带有80万加元，在没有新收入来源的情况下并维持着原居地的生活质量，不到10年这个家庭便可能“坐吃山空”。

更有不少的投资移民来到加拿大后千方百计地钻法律空子。例如，有些人把资产转入子女的名下，自己申请救济金；还有人一方面住豪宅、开名车，转过身就去领牛奶补助金。更有甚者还把原居地的恶习带到加拿大。例如，有些人送孩子到学校时，为了想让老师对自己的孩子多加关照，便送红包给老师。有的新移民在报考驾照时，由于原居地和当地的驾驶规则不尽相同，当一次、两次路考通不过时，他们不从自身的不足下功夫、花时间补足驾驶技术的缺陷，而是企图走捷径在再次考试时偷偷给考官送红包，吓得从未见过如此阵势的考官当面拒绝不说还立刻上报主管，以免公职不保。岂不知，在加拿大给考官送红包属于行贿，这些行为被媒体披露后，引起当地人的极大不满。

如果说上述现象属于少数个案的话，那么新移民包括中国人带着大量的资金来加拿大炒高当地房价，则引起了当地人的公愤，特别是温哥华和多伦多这两大海外华人比例最高的城市。

在我居住的多伦多，2016年的平均房价持续疯涨超过70万加元，前10年涨幅超过100%，温哥华的涨幅更高。相比之下，全美房屋均价在25万美元以下，加拿大的房屋均价却飙升超过40万加元，而加拿大人的平均收入比美国人却低了很多……

因此，加拿大移民新政策特别强调，如果经济变得恶劣就将减少移民。但会增加欧洲移民的额度，如果加拿大移民的申请人有加拿大的企业作担保或推荐，这类技术移民将按特快被批准；每年还开放1000个名额给博士，并鼓励他们向加拿大边远省份（北极附近）移民。同时，移民新政策特别减少了联邦技术移民的家属担保，强调结婚移民的婚姻真实性。总之，联邦移民就只剩结婚这一条途径了。

从2012年7月开始，加拿大政府就停止了联邦投资移民项目。加拿大调整投资移民政策，反映了加拿大的现实状况，同时欧债危机影响已波及加拿大。大幅削减投资移民，增加技术移民和带项目的商业移民，很大程度是因为投资移民对加拿大的经济贡献并不理想，而增加商业移民的配额倒是能够促进加拿大的就业，从而推动加拿大的经济。所以，投资移民被商业移民取代是加拿大政府必然的选择。

当下，对于想移民加拿大的外国人来说，也许基本上只剩下“先留学，后移民”或者与加拿大人结婚团聚移民这两条路了。

北美不是罪犯天堂

据2011年7月23日《多伦多星报》（*Toronto Star*）报道，厦门特大走私案嫌疑人赖昌星于23日已被加拿大有关部门遣返中国。加拿大外长贝尔德在23日公开表示，赖昌星被控犯有严重的经济罪行，他必须回到自己的国家，面对法律的审判。

但针对赖昌星被引渡回国受审一事，我留意到国内网友在微博上的讨论也颇为热烈，可谓众说纷纭。有网友说赖昌星之所以能“赖”在加拿大，是因为加拿大政府死要钱，因此成了贪官的天堂。也有网友评论说，赖昌星的钱被加拿大榨干了，毕竟12年的潜逃生涯，即便拥有金山银山也会坐吃山空，一旦他没钱了就像一块破抹布被扔了。还有人认为，赖昌星被遣送回国就像扔掉了一个烫手山芋。另外，诸如这些年紧张的中加关系开始好转等言论也很多。对于上述网友的评论，我不敢苟同。

首先，加拿大政府根本不会见钱眼开，盲目地将罪犯引进“家门”，成为罪犯的天堂。对此，我深有感触。我是1996年申请加拿大移民的，那时加拿大移民法刚修正不久，1995年开启了对中国内地出生的中国人直接移民的大门。当时，我人在美国，正为申请美国绿卡而疲于奔命、焦头烂额，而有一个跟我同病相怜的同学1996年刚毕业，便经由移民律师申请移民加拿大，前后不到6个月便获得了绿卡。

喜讯传出，其他没有绿卡的同学立刻效仿，万一拿不到美国绿卡去隔壁的加拿大也不错，而且住满3年就能成为加拿大公民，到时再回美国奋斗也是分分钟的事。经不住同学的纷纷劝说，我连移民律师都没有请，直接去加拿大驻纽约领事馆填了申请表，寄出之后刚过一个月便接到从渥太华寄来的大信封。打开一看是两张好似奖状一般的纸，懵懵懂懂不知为何物，于是便打电话给定居在加拿大的同学，一问之下才知道那就是准绿卡，只要用它进入加拿大立刻就变成加拿大的永久居民了。

当时感觉好极了，与申请美国绿卡相比较，申请加拿大绿卡简直太容易了。那位定居加拿大的同学却跟我说，你别得了便宜还卖乖，多少人想移民加拿大都遭拒绝，如好些港台的亿万富翁申请移民都因为有前科遭拒。香港某大导演、大明星因为涉嫌与黑社会有瓜葛，多次申请移民加拿大，都一次次地被拒之门外。

因此，并不是有钱就能移民加拿大。与此相反，加拿大移民部长肯尼曾明确表示，加拿大不卖国籍。为了证明这一点，移民局通过司法程序，撤销了1800人以欺诈手段获得的公民身份，向滥用加拿大公民身份制度的人发出了非常明确的讯息：加拿大“不卖”公民身份。近年来，加拿大更修改了移民法，对投资移民渐渐关上了大门：从2011年7月1日起，今后每年只接受700个名额，而原先是1万个名额，并将仔细审核申请人的“钱”路来源。要知道，目前投资移民加拿大每个人需投资160万加币，而每年减少9300个名额就相等于每年减少接近150亿加元，合人民币1000亿元上下。这对只有3000万人口的加拿大来说，可以说这是一笔不小的数目。

其次，赖昌星能在加拿大生活12年，并非加拿大政府想榨干他的钱，而这完全是政府不可干预司法程序所决定的。由于赖昌星是香港居民，又是合法进入加拿大的，他有权走过一系列复杂冗长的司法程序。

这里说一个小故事。一次，我去老板家参加派对，他儿子坎努要我陪他玩电脑游戏。我一看，这游戏一个人就能玩，于是就问坎努为什么非要我陪呢？坎努把游戏说明书递给我看，上面写着：“联邦法律规定，玩此游戏必须年满17岁，否则需在成年人的陪同下玩。”我对坎努说：“没关系，这里没人。”坎努斩钉截铁道：“我不能违法！”我说：“你好像已经17岁了。”坎努回道：“还差两个月。”我说：“按中国人的算法，你已经过了17岁，因为你在妈妈的肚子里还待了10个月呢。”没想到坎努瞪了我一眼：“I am not Chinese!”我脸一红，只能“乖乖”地陪他玩。

上述故事告诉我们，在北美“法律就是法律”，每一个公民都必须自觉去遵守。换句话来说，在法律面前加拿大人都相当固执，毫无任何变通之路，更何况审理赖昌星案了。事实上，赖昌星在加拿大能生活12年，一路都钻着加拿大的法律空子。为此，我们纳税人付出了巨额的代价，政府在审理赖昌星的案件上前后大约用去几百万加元。其实，不只赖昌星一个，中国有一批罪犯逃到加拿大都是这样的，不知花去了加拿大纳税人多少钱了。

最后，所谓“这些年紧张的中加关系将开始好转”，其实一根筋的加拿大人不可能为了一个赖昌星跟中国闹别扭。这其中显然有太多的误解。所以，协助中加两国人民加强沟通，是我们这些来自中国的移民责无旁贷的责任。

赖昌星潜逃加拿大12年，就好似英文名言“Once a cheater, always a cheater”（一日为贼，终身做贼）。其实，他误判了形势，以为逃到加拿大就太平无事了，依旧过着当年“红楼”里的生活，常常进赌场豪赌挥金如土，又和黑社会有来往，最后被遣返。随着赖昌星被遣返的案例可以断定，许多类似于赖昌星的罪犯都将一一被遣返原居地。

现在，中美已经达成协议，以后（以及之前10年）在美国用现金购买不动产的中国人必须向美方说明资金来源。如果属于非法所得如贪腐等，美方司法机构将起诉当事人；如果被判有罪，当事人在美服刑后将强制遣送回国！

究竟要不要移民

这些年来，我注意到是否移民的问题经常是国内媒体上的热点。作为一个移民美国、目前定居加拿大的过来人，在这里为大家简单小结一下我个人的看法吧。

首先，由于交通的发展和信息渠道的通畅，世界已经变成了地球村，人们了解世界的方式也更加多元化。移民出去看看外面的世界，寻求更美好的生活，这是很多人的梦想。不过，有人漏夜赶考场，有人辞官归故里。很多人想移民美国，同时也有很多美国人想移民其他国家。仅据加拿大2006年的统计，就有90万～200万美国人长期在加拿大居住。大部分移民的人是有得也有失，所以该不该移民还得自己做决断。

如果移民只考虑能有所得而忽略会有所失的话，那结果一定会失望。特别对于中国人而言，最好慎重考虑，因为中国这30多年来恰恰是全球机会最多的国家。据中国权威机构发布的《2015中国海归发展报告》透露，从2012年起，中国留学人员回国人数出现了井喷式的增长，截至2014年底留学回国累计总人数已达180.96万人次，占出国留学累计总人数的51.4%。

迄今，中国已经有过半留学人员归国，总计接近200万人，并且回国人数还在不断呈现井喷式的增长。

为了吸引海外华裔人才，中国还将试行华裔卡。对原籍中国、已入籍外国的华人发放“华裔卡”，持卡者可享中国永久居留权及本土居民待遇，但没有选举权。国务院侨办在报道此消息时，特举现时印度的做法为例子——中国邻国印度就为吸引海外人才推出了“印度裔卡”计划和“印度海外公民证”计划。

近年来，在美国税务政策的影响下，放弃美国籍的人数不断增加。据CNN报道，美国官方数据显示，越来越多美国公民放弃美国国籍，2016年就有高达5411位美国公民放弃美国国籍，比2015年多出26%。

况且，移民是双向选择，世界上绝大多数国家是非移民国家，不是想移就能移的。全球可移民国屈指可数，所有移民国都是有其特殊历史原因的。例如，美国的发展史，其实就是一部移民史，而美国要不是移民国能吸纳全球人才，也就不是今天的美国了。因此，这决定了像美国、加拿大、澳大利亚、新西兰等这些为数不多的移民国肯定是入大于出，而中国这样的非移民国肯定是出大于入。

如果决定要移民到美国，那么一定要慎重考虑，并且考察好，避免上当受骗。被中国人视为移民美国捷径的EB-5投资移民，近年来在美国证券管理委员会（SEC）稽查下发现有多家公司并未执行业务，吸收投资移民的资金（每个案例至少50万美元）不但没有实际投资，反而私自挪用，亦即某些不肖公司挂羊头卖狗肉，号称办理投资移民实则全是假话，只拿钱而不办事。

几年前，5名来自中国的投资人向加拿大BC省最高法院递交诉讼，声称该省的一名开发商曾向他们保证：如果每人花700万加元（超过3600万人民币）投资当地的一个开发项目，便能移民加拿大；如果移民被拒，则可以获退投资款。然而，这些人的移民申请被拒，而投资金也没有被退回，这5名中国投资人最后只能是血本无归。

北美法律程序浅说

很多网友向我询问北美法律程序的问题，在此浅谈如下：

一、关于法程序

1. 被捕（arrested）

只要警察认为有足够的理由怀疑一个人触犯了刑法，他们就有权力将他逮捕。但是，嫌疑人也有相应的权利，就如港剧所讲："你有权保持沉默，但是你所说的每一句话都可能被作为呈堂证供。"

一般来讲，如果一个人被捕，他会被带回分局问话，视情况严重与否决定需不需要关押。其中，部分人可以自己签名担保自己；多数人则需要被扣留在警察局，等待次日的担保听证（担保庭）。

2. 担保听证（bail hearing）

担保听证通常会在被捕扣押的第二天，或者第二个工作日。法官会在权衡担保人（surety）是否有资格担保，并且有能力监护被告人而决定是否将其释放。被释放时，要签署遵守担保条例的文件，并且保证每次会准时出庭。不够资格被担保或者犯罪情节严重的被告人，将会继续关在收容所里直到审讯（trial）。

被告人需要一名（或者多名）担保人。什么样的担保人是合乎标准的呢？第一选择是跟被告人同住的亲人如配偶或父母，其次的担保人选择是有经济能力的亲戚或朋友，不过被担保人通常需要跟担保人同住。因为法庭有理由相信，在同一屋檐下担保人可以更好地、全方位地监督被告人。

同等重要的是担保人的经济能力。法庭通常会要求担保人出示相应的经济担保，如果被担保人在保释期间违反了任何一项担保条例，担保人的保释金就可能会被法庭没收，从而以此制约担保人更有效地履行他们的职责。

3. 出庭（appear in court）

第一次出庭也就是set date（设定日期），通俗说法是“过堂”。一方面，法庭希望被告人可以利用这段时间聘请一个律师来为自己辩护。另一方面，法庭也利用这段时间准备disclosure，也就是控方的证据。如果你有一名代表律师，那么你可以跟他签署一份文件，叫作designation，意思是委托律师全权代表你出庭，而你就无须自己到法庭；反之，你则必须亲自到庭。

4. 讨论案情（discuss the case）

拿到disclosure后，你本人或者你和你的律师要仔细研究这份控方的证据，包括原告人的证词、警察的证词是否跟事实有出入，从而保证自己的利益不受侵犯，或者为自己讨回清白。

5. CPT和JPT

在拿到并且分析了disclosure之后，律师将会跟检控官以电话和面谈两种形式进行交涉，摊开对比哪一方的证据更真实可靠、更有力度。如果原告的证词自相矛盾，那么辩方律师会提议请检控官撤销控诉；如果证据确凿，那么辩方律师会根据被告自身的情况请求轻判或者用其他的方式代替服刑的惩罚，如社会服务令或者向非营利机构捐款。

6. 预审听证（preliminary hearing）

当然，并不是一定要预审，好的律师会帮你分析预审是否对你有利，从而决定要还是不要接受预审。预审就是把所有控方的证据呈堂，由法官决定这些证据是否值得或者说足够进行正式的审判（trial）。预审的程序包括传召控方证人（原告、专家证人，如法医或者警察）。辩方律师可以对其作出盘问，以证明他们证据的有效性以及可靠性。如果控方不能证明他们有足够的证据，那么案件可能会被当场撤销。

7. 认罪（guilty plea）

认罪可以发生在任何一个阶段。在刚刚被告的时候，在CPT或者JPT之后，在预审庭上或者审判庭上均可，并且通常检控官可以视你的态度犯案情节的严重性等因素而为你减轻控罪，毕竟很多“小事儿”是不需要浪费公帑的。不过，在认罪之前，你一定要寻求专业的法律意见，确定知道认罪后对你的将来会造成什么样的影响，如刑事案底等。

8. 审讯（trial）

审讯分有陪审团和没有陪审团两种，你有权利去选择哪一种。控方的宗旨是证明被告人有罪，反之，辩方的目标就是证明自己是无辜的。

在庭审时，首先宣读控罪，检控官首先呈交控方的证词，并对控方证人进行问话，然后辩方律师开始反诘问控方证人。有经验的律师会把握这个环节，作为取胜的关键。例如，很多人在报案的时候很冲动，想要叫警察“吓唬”或者“教训”一下对方，所以把事情添油加醋地报告给警察听。这样就难免会有自相矛盾的证词出现，辩方律师就可以此作为突破口，说服法官以及陪审团判当事人无罪，或者从轻发落。

在控方呈供之后，到了辩方做供的环节，辩方可以传召辩方的证人，检控官也同样有权力反诘问辩方的证人。很多时候，当事人并不希望站在法庭上为自己辩解，也不想回答检控官提出的问题，你是有这个权利的。最后，双方做结案陈辞，法官宣判罪行是否成立。

二、关于保释申请（bail application）

在刑事程序中，被告的其中一个基本权利就是保释。虽然被起诉，如果没有任何证据呈堂，就无法定罪，因此法庭此时没有剥夺被告自由的权力。但是在以下3种情况下，法官具有对被告做出羁押的决定权：

1.被告有可能潜逃；

2.被告有可能继续犯案；

3.被告有可能干扰证人。

除此之外，控方是不能用其他理由如“协助调查”来反对被告的保释申请的。

三、当值律师（duty counsel）

当值律师，也就是我们俗称的法庭配给的免费律师。duty counsel通常是刚刚毕业出来的新手律师，在法庭里面学习经验的。一般来讲，如果被告本人不能提供律师的名字给法庭，法庭就会配给免费律师。但是如果被告人是第二次被捕，或者是因为违法担保条例被捕，并且被告人已经有自己的代表律师的时候，duty counsel将不可以代表被告人出庭，除非得到被告代表律师的允许。

第四章

北美人的思维观念

在北美的富人家庭，大多秉承优良的家庭教育传统，他们不把财富看得很重，如巴菲特的儿女们，他们有着自己的爱好，做着自己喜欢的事情，并不因为自己是首富的子女显示出与别人的区别。另外，纽约的市长会和大家一样，挤地铁去上班；美国的流浪汉和乞丐也是有很大不同的……美国的教育理念、平等观念深入人心，而且美国高昂的遗产税导致美国的富豪往往选择捐赠财产而不是给子女继承。

前世界首富巴菲特的儿女们

在美国，对于亿万富豪沃伦·巴菲特有很多种评价。关于作为父亲的评价，最主要有两种：一种认为，沃伦·巴菲特特别会赚钱，但他作为父亲并不完美。因为同样富有的洛克菲勒家族的子孙们，大部分都在财经界大有作为。沃伦·巴菲特的三个孩子却从事着与他全然不同的工作，钱赚得也不多。另一种评价认为，沃伦·巴菲特是最好的父亲，孩子们过得很幸福。

那么，沃伦·巴菲特的孩子们是怎么看呢？

虽然沃伦·巴菲特是亿万富豪，但是他的小儿子彼特和他的哥哥姐姐认为，他们所能继承和永不贬值的遗产并不是钱而是他们父母的价值观，让他们走自己的路，过自己想要的生活。

他们认为很多幸福都与金钱无关，这些幸福包括父母的关爱、亲密的邻里关系以及温暖人心的友谊。父母灌输给孩子的价值观，才是最稳定的货币，如彼特从父亲身上学到怎样合理地花钱就让他受益终生。

在沃伦·巴菲特小儿子彼特的整个童年生活中，他从来没有觉得家里有多富有。有一次进电影院，他想让父亲沃伦·巴菲特给他买爆米花都被拒绝了，而父亲告诉他的理由竟然是："如果这次我买给你，下次就要买给所有人。"

在彼特19岁时，他继承了一个来自祖父的农场。父亲沃伦·巴菲特却帮他卖了农场，把它转化成价值9万美元的伯克希尔的股份让他自由支配。酷爱音乐的彼特则用这9万美元购买了一套录音室设备，而沃伦·巴菲特不仅举双手赞成，甚至还帮助彼特做了一个如何节约成本的预算。

彼特认为从事自己喜欢的工作即便辛苦，却很快乐。彼特是艾美奖得主，美国MTV频道刚开播时的片头配乐就出自他的编曲。荣获七项奥斯卡大奖的电影《与狼共舞》中间几分钟的精彩配曲，也是出自彼特的手笔。

彼特和父亲沃伦·巴菲特一样喜欢开玩笑，他常跟朋友说："你知道，做巴菲特的儿子是一件多么艰难的事情吗？"

30多年前，沃伦·巴菲特的三个孩子全都在大学期间退学，如今都从事着自己喜爱的工作。彼特的哥哥霍华德现在是农场主和摄影师，彼特的姐姐苏茜在奥马哈开了一间针织厂。此外，他们各自都掌控着一个资金规模达10亿美元的慈善基金。作为一名音乐家，彼得还笑言："可能你会觉得很讽刺，尽管我管理着这么庞大的资金，但它一定是要捐赠出去的。"

欧美富二代到富N代的教育

在中国，常用"十年树木，百年树人"之说来比喻育人的艰辛。可以这么说，教育在世界各国大多都摆在第一位。说得大一点，国之大计，教育为本；说得小一点，无论贫富，孩子对家庭来说是未来的希望。穷孩子可以通过良好的教育改变命运，如纽约市长彭博；富孩子可以通过良好的教育为社会树立典范形象，如美国获奖新闻工作者、畅销书作家、肯尼迪家族的富N代、加州第一夫人、阿诺·施瓦辛格的太太——玛丽亚·施莱佛（Maria Owings Shriver）。

在北美，虽然也有富豪败落的家庭，但大企业多半属于上市公司，不是家族式的管理，所以不会影响到企业的经营。如果富二代喜欢经营并有能力，就让他继承家族的事业；如果没有能力或者根本不喜欢“做生意”，那就会另请职业经理人来经营企业。

10多年前，我曾在华尔街一家证券交易公司工作。一天，我接到老板山姆的邀请，到他长岛的家去party。山姆从荷兰来，20多年前白手起家开创了公司，生意非常兴隆，钱当然也是多多的。他位于曼哈顿的豪宅紧挨着纽约市长彭博的旁边，价值千万美元。此外，他还拥有一幢坐落在长岛East Hampton（东汉普顿）富人区的豪宅。

到了山姆家，只见客厅的墙上挂了几幅非同一般的油画，我立刻被吸引住了，心想这些油画一定所费不赀。后来，我才得知这些油画全是山姆的独生子詹姆斯所画。那天晚餐，詹姆斯恰巧坐在我边上，一问年龄中学刚毕业，且彬彬有礼穿戴得体，不是想象中披头散发、穿着时髦的那类艺术家，更不是仗着父亲有钱就高人一等、不可一世的富二代。实际上，詹姆斯就像邻家男孩般纯真可爱。

詹姆斯是我第一个零距离接触的富二代。后来，我经常参加山姆的party，认识了不少詹姆斯的朋友，都是像他那样的富二代，甚至还有富三代、富四代。他们学自己喜爱的专业，做自己喜爱做的事情，与普通美国人没什么不同，除非特别观察才可发现他们身上透出的特殊气质。

对于有多重身份的玛丽亚，她的母亲尤尼斯·肯尼迪是美国前总统肯尼迪的亲妹妹，肯尼迪是玛丽亚的亲舅舅。不过，我们在玛丽亚身上所见的富贵，仅仅是她能够进入昂贵的私立学校接受教育，包括天主教私立女中，以及乔治敦华盛顿大学（Georgetown University）——美国最古老的天主教大学。

玛丽亚大学毕业后，富贵的身份并没有给她带来益处。在NBC电视台工作期间，她曾经自嘲说："'I should work my butt off!'（我要比别人加倍努力！），才会被大家所认可。"最终，她顶着富人加名人这"两重山"，得到了两项大奖——艾美奖和电视艺术与科学奖，并成为受人尊敬的畅销书作家，不但为社会作出了贡献，也体现出了她自身的价值。特别有意思的是，阿诺·施瓦辛格娶她之前曾半开玩笑提醒说："千万别指望我会带给你幸福哦，想要幸福你自己必须是'蛋糕'，我只不过是你蛋糕上的'装饰品'而已。"

玛丽亚做到了，她像普通人那样努力工作，像普通人那样嫁为人妻，像普通人那样生儿育女，又像普通人那样收获劳动成果。其实，在北美，特别是美国，富有家庭的重要标志之一就是其子女是否在私立学校接受教育。

公立学校和私立学校最大的区别，倒并不在于主课的设置和教学质量，而在于强调师资的素养和对礼仪的重视，但礼仪又出自传统。这些特殊性要追溯到成立最早、最著名的私立学校——伊顿公学（简称伊顿）。伊顿公学有着一长串非常出色的校友名单，共培养了19位英国首相。但伊顿最瞩目的不止这些，它还兼具培养学生吃苦耐劳、不畏艰难的意志，如学生睡的是木板床，每天早上五点起床后要做重体力劳动，如伐木、砍柴等。

欧美的富人如何预防败家子

与欧洲一样，在美国和加拿大的普通法（common law）制度中，信托（trusts）出现于财产（有形的或无形的）拥有者（a legal owner）将财产转移至另一方持有（信托管理人）而使第三方受益（beneficiary），是一种介于财产持有方和受益方之间的关系。当然，创立财产信托的合法拥有者，也可不必转移财产给另一方而直接设立财产信托，只需发表财产信托声明即可，如“从今往后这笔财产将造福某某受益人”之类。

信托由被创立的信托条款所管辖，而信托条款通常是写在信托文件或契约之中。但是，在英国，除了土地以外，其他财产无须文字记录就可具有法律的约束力。因此，信托条款必须指定是什么财产被转移到了信托（标的物的确定性）持有者的手里，谁又将是信托受益者（对象的确定性），对信托受托人可约定出详细的权利和义务（如投资的权利或委任新的受托人的权利）。信托也受当地法律的管辖，受托人有义务在依照信托条款和服从法律的条件下进行信托管理。

在美国，创立财产信托的人也被称为委托人、设保人、捐助者（慈善信托基金）或者创立人。在其他司法管辖区，财产信托创立者也可被称为信托创始人。在任何一个社会里，任何事物的存在都有其存在的目的和理由，财产信托基金也不例外。创立信托基金的目的，主要不外乎以下几点：

首先，对于大多数富人来说，创立财产信托纯粹出于保护家庭隐私的目的。因为遗嘱条款是公开的，而财产信托就不必公开了。仅凭这一点，财产信托的形式就很符合许多家族的理想。例如，美国的肯尼迪家族，其家族财富就像他们的政治资本一样，在美国人看来是巨大无比和神秘的。肯尼迪家族的财富具体有多少，几乎无人知晓准确的数额，原因就在于近百年来其家族财富代代都是以信托基金的方式传承的。

肯尼迪家族利用信托管理的形式，在过去的大半个世纪中成功将财富转化为政治力量和威望，达到了全美最高的权力巅峰，并且这一战略部署是家族的一项长期目标，为的是保护不断成长壮大的新一代家族成员的利益。

其次，设立信托基金最大的好处就在于能够预防家族中出现败家子，也就是防止没有能力处理金钱的受益人（如某人的子女）任意挥霍金钱。因为，信托基金创立人可以在信托文件中明确阐述何时、何地、何种原因才可动用信托基金中的钱。

再以肯尼迪家族为例。早在1926年，约瑟夫·帕特里克·肯尼迪（约翰·肯尼迪总统的父亲，昵称乔·肯尼迪）就为他陆续出生的孩子设立了信托基金，另有一个信托基金创立于1936年，还有一个信托基金创建于1949年，那是他为28个孙子辈设立的信托基金。有人估计，截至1968年底，这三个信托基金的金额已经颇为庞大。

在约翰·肯尼迪成为总统之后，才披露出他个人在家族的信托基金中持有1000万美元，从他21岁起每年可动用50万美元（税前）。乔·肯尼迪在创建信托基金时采取了预防措施，规定只有到了一定的年龄才可动用信托本金。所以，当约翰·肯尼迪总统到了45岁生日时（他被暗杀前），他动用了一半的信托本金，剩下的另一半牢牢地控制在受托人的手里。

再次，设立信托基金还可以达到“资产保护”的目的。所谓“资产保护”，原则上是指一个人剥离自己所拥有的资产，意图在将来免受债权人对资产的侵袭，尽管将来有可能会破产。“资产保护”的方法之一，就是创立一个全权信托（discretionary trust），其创立者可能既是保护者又是受益人，但不是受托人或唯一受益人。这样一来，信托创立者可从信托资产中受益，但不是资产拥有人，因此而不受债权人追讨债务。

最后，设立信托基金还有一种特别的有益之处，也是富人们情有独钟的，就是税务规划。在美国，从2013年1月1日起，如果富人想把财产传承给儿女，免税额仅为100万美元，剩余的财富得按遗产税率55%来计算。富人缴纳遗产税被视为天经地义，英国人称遗产税为“死者的责任”（death duties），而美国人则称遗产税为“死人税”（death tax）。由此可见，富豪对遗产税的态度便略见一斑了。因此，富人在生前都会为财产继承人（子女或配偶）使用信托基金来规划税务，其结果与不利用信托基金是大不一样的。

信托，被广泛地认为是英国法律制度中最具创新性的一个巨大的贡献。今天，信托法在所有普通法系统（common law systems）中依然发挥着显著的作用。信托法在国际公认的“海牙公约”和国际社会在统一信托冲突方面的贡献，也是相当巨大的。

在美国的资本市场中，信托同样扮演着重要的角色，因为家庭内部的财富转移往往是通过养老基金和互惠基金来进行的。生前转移财富所牵涉的是联邦赠与税，去世之后的财富转移就要缴纳联邦遗产税。美国联邦税法鼓励富人生前转移财富，因此遗产税率比捐赠税率要高多了。

从华尔街的犹太人谈起

犹太人只占全球人口0.2%，但是全球富豪前50名就有10多位是犹太人。迄今，诺贝尔奖得主大约有800人，其中20%以上是犹太人。在美国，仅占人口不到2%的犹太人掌握着全国70%以上的财富，而且还是政治、经济、外交、科技、媒体及娱乐领域的“绝对领导”。此外，美国20%以上的教授是犹太人，犹太人在哈佛的入学率高达30%。

可以说，犹太人是世界上最富有和“财商”最高的民族。所以，他们总是自称“我们是上帝的管家，人类的金钱应由我们来掌管”。

犹太人自己生活简朴，恨不得一分钱掰成两半花，却鼓励别人花钱、提前消费，而金钱就是这样从别人的手中进到了他们的腰包。

迄今，我在华尔街“混迹”了20多年了，零距离接触了众多的犹太人同事，对他们有很深的了解。

在众多的犹太人中，尤尼给我留下了深刻的印象。尤尼是哈佛大学教授，被当时的大投行银行家信托（Bankers Trust）请来做金融产品的资深顾问。我与尤尼共事了几个月，从他那儿学到了金融最本质的东西。尤尼给我讲了一个小故事：

有一个犹太富翁，全家准备去度假一周。出行之前，他去银行要求贷款5000美元。银行的业务员问他拿什么做抵押。犹太富翁说："用劳斯莱斯做抵押，不知道行吗？""劳斯莱斯？当然行啦！"那个业务员脱口而出。于是，当场拍板成交。

听到这儿，我不禁问道："他那么有钱，为何还要借5000美元呢？借钱是要付利息的呀。"于是，尤尼笑着道出了缘由。

原来，当时银行的短期贷款利率为18%，5000美元借一周的利息还不到20美元。但全家出游将劳斯莱斯交给保险公司保管，至少要付50美元，问银行借5000美元等于只花了20美元保管费（利息），而且银行的车库比一般保险公司的车库更保险。

自从听了尤尼讲的这个故事，我就特别留意起周围的犹太人。有时候，我中午没事一个人在公司周围遛遛，发现犹太人也是华尔街的一大景观。特别在纽约证交所周围，他们一群一群戴着黑色的高帽，两耳边各垂一根小辫子，身着黑色大褂，黑眼睛，黑头发，皮肤却相当白皙。可以说，犹太人就是"The Brain of the Wall Street"（华尔街的大脑），华尔街80%以上的投资产品都是犹太人发明的，华尔街所有的做市商（market maker）也全是犹太人。进一步放眼看去，犹太人几乎掌握了整个世界的金融命脉。

另外，几乎所有犹太人都知道房地产的真谛。我曾经的同事尤尼、罗伯特、亚当就是这样，尤其是亚当谈起房地产更是滔滔不绝。亚当是我在瑞信的同事，当他知道我是从上海出来的，对我显出异常的热情，说他有一些亲人曾在二战时从欧洲逃到上海而躲过了纳粹的迫害，因此知道很多上海的风土人情。

一天，我们共进午餐，这才得知亚当生于纽约并住在曼哈顿，而且一直租公寓而住，便感到有些不可思议。亚当是高级金融分析师，每年至少能赚50万美元，为何租房而住呢？

有一次，我忍不住问亚当。他说："知道吗？从金融角度上来说，一般大城市的公寓都是租比买要合算得多。"我又问："不是说投资房地产能保值、增值吗？"他笑道："你是只知其一不知其二。房地产里什么能够保值？"我想了一下，答道："土地吧。""对！是的，不是房子，是房子下面的土地。所以，只有投资土地才能保值、增值。你买大城市公寓大楼的一个单位，只不过与其他几十、上百人一起共同拥有大楼下面的土地，再加上曼哈顿的高房价、高地税，租售比早就超过金融的合理比值，也就是说远远超过150个月的房租才能买下来的比例，是绝对不划算的。"

亚当认为，在房地产中，只有土地才能保值、增值，而房子本身则是奢侈消费品。所以，大楼的公寓根本不值得投资，买还不如租。

老实说，我消化亚当的话是经过多年的观察、推敲和思索后才渐渐明白的。地球人都知道巴菲特是世界首富，可巴菲特是犹太人知道的人就不多了。只要是犹太人，身上就一定有浓浓的犹太人特质。巴菲特活到老、学到老而且工作到老，但他生活简朴，如巴菲特年轻时一直租公寓而居，结婚新房是租来的一室户公寓，甚至他们的第一个孩子也出生在那套公寓里。

还有一个犹太人是量子基金创始人之一、投资大鳄罗杰斯，他也一直租公寓而居，直到量子基金成功运转第七年时才花10万美元买下了一栋不能住人的百年老宅。与其说他买了房子，不如说是买下了房子下面的那块地。所以，在西方国家，房价是作为消费品进入CPI而不属于投资品，只有土地才能算投资品。

犹太人在金钱上还有一个特点，就是他们用钱时把消费和投资分得清清楚楚。什么叫投资？以犹太人最专业的说法，投资“是牺牲或放弃现在用于消费的价值，以获取未来更大价值的一种经济活动”。也就是说，消费就是享受眼前的成果，投资就是放弃眼前的享受以获得未来更大的收益。对他们来说，房子、汽车、游艇都同属奢侈消费品。犹太人酷爱投资，很少享受，因此巴菲特至今依然住在当年他花3万多美元买下的小屋中。但有意思的是，他们却鼓励他人“花明天的钱”。犹太人所发明的投资工具如信用卡，就是最大限度方便他人“花明天的钱”。如此，金钱就这样从别人的手中进到了他们的腰包。

第一位拥有10亿美元（当年的10亿美元相当于现在几百亿美元）的富翁、世界石油大王、美孚的创始人洛克菲勒也是一位犹太人。洛克菲勒有句名言：“如果把我剥得一文不名丢在沙漠的中央，只要一行驼队经过——我就可以重建整个王朝。”另一个石油大王英国壳牌的创始人马库斯·塞缪尔也是犹太人，他还曾当过伦敦市市长。

号称世界央行的美联储，历届主席几乎全是犹太人，包括前任主席格林斯潘和伯南克。另有一些我们耳熟能详的如罗斯柴尔德家族、摩根家族、雷曼兄弟、所罗门兄弟等，无一例外全是犹太人。可以说，在华尔街的大腕儿中，不要问谁是犹太人，只需问谁不是犹太人……

据统计，2007年，全球犹太人总数在1320万人左右，仅占全球总人口的0.2%，迄今都没有超过1500万人。几千年来，他们遭受了无数次的劫难，他们的财富多少次在一夜间便丧失殆尽，但他们为何能一次次地东山再起，成为世界上最富有的民族呢？他们又为何如此厉害呢？在此，我难以一一尽述，但希望能从一滴水的启示中看到整个大海。

流浪者是流浪者，乞丐是乞丐

几年前的中国农历除夕日，恰逢是星期天，我在去超市的街角旁看见了一个流浪汉，不禁想起20多年前在北美的第一个除夕日。

那天，我去餐馆的打工路上见到了一个中年白人男子，他半躺在冰天雪地的街口，屁股下垫着纸箱，懒洋洋地打量着来往的路人。看他的样子很像乞讨的流浪汉，我拿出10美元放在他身边（超过了我当时在“湖南美味”餐馆打工两小时的收入），没想到他一跃而起将钱递还给我，并一字一句地说：“Thanks, I am not a beggar!”（谢谢，我不是乞丐！）

直到几年后，我才渐渐地明白在北美流浪者是流浪者，乞丐是乞丐。乞丐以乞讨为生，非常“专业”。但流浪汉的行事风格跟乞丐不同，他们打扮怪异，通常牵一条狗为伴，有的怀抱吉他在街上弹唱，靠才艺过着四处游荡的无拘束的生活。

我曾认识一个乞丐，他身着西服，手捧书本，每天朝九晚五在纽约中城的一条街口，数年如一日以乞讨为生。一天，我很好奇地凑上前去，看到他正阅读一本世界名著。后来，我和他相识了，开始跟他聊天，原来他曾是一名银行职员，每天坐班的工作压力巨大，也干腻烦了，最后便选择丢掉自尊，以靠他人施舍讨生活的方式过活。每次和他聊天，我注意到他不到10分钟就会有10多美元的收入，而且都是现金收入，估计也不会缴税吧。一次，我忍不住问他收入怎样，他很“自豪”地说：“真有意思，也不知道为什么，我现在的‘收入’比先前在银行里干还多！”

当然，大部分人都是被迫以乞讨为生的。例如，前电台播音员泰德·威廉斯，10年前由于吸毒和酗酒成瘾而变得无家可归流落街头。白天，他拿着一张纸板，上面写着“我拥有上帝给我的金嗓子，历经了艰难的时光，将接受任何帮助”。晚上，他在一个废弃的加油站后面搭帐篷睡觉。威廉斯10年流落街头的生活使他丢弃了电台播音的专业生涯，并与妻子和孩子疏远分离。

不过，随着网络的发达，人人都可以通过网络实现梦想。两年前，威廉斯把他带有磁性的播音放在了网上，立刻火爆地达到了800万的点击率，而他意想不到地被国家电视台（MSNBC）聘用了，双方签署了雇佣合约。他自嘲“我觉得自己像苏珊大妈”，可以向全国听众传播金嗓子，让大家分享上帝的礼物。更令人惊喜的是，他回到了阔别20年的故乡纽约，与92岁高龄的母亲团聚，开始重温有家、有亲情的生活。

人生是个大舞台，在这个舞台上每一个人都是独特的，你是你，他是他，就像世上没有两片相同的叶子，因此你和他演绎出来的故事也不尽相同。在英国，有一个街头流浪者一年365天天天睡在伦敦最繁华商业区的一家百货公司的大门前，如此长达10年之久，也不知道被百货公司的巡警赶过多少回了。

有一天，百货公司被一家地产开发商征用，其周边的小散户商家理所当然都算拆迁户，在拿到了合理的拆迁费之后都欢天喜地地搬迁走人了，唯独那个流浪者依然睡在那儿。当开发商进行施工的时候便毫不客气地想撵走他，他却一纸文书将开发商告到法庭，理由是他也要拆迁费，因为他每天睡觉的那块地是属于他的私有财产，神圣不可侵犯。

乍一听，大家肯定以为这位流浪汉的脑子有问题了吧。试想，一个身无分文的流浪汉，想跟大开发商打官司争地，不是异想天开吗？于是，这起事件顿时上了各大报纸的头版。出于好奇，开庭判决的那天法庭内外聚集了许多市民，人们想知道案子的审判结果。然而，令人大跌眼镜的是这名流浪汉非但打赢了官司，而且还得到了100万英镑的拆迁补偿。人们不禁唏嘘：这运气也未免太好了吧，怎么可能呢？

原来依据英国普通法（common law），流浪汉的所为符合“不良拥有”（adverse possession）土地的法律。所谓“不良拥有”，指在指定的时间内（5～20年内）业主得到土地所有权是通过：公开的（open）、实际的（actual）、持续的（continuous）、独家的（exclusive）和敌对的（hostile）的方法。换句话说，流浪汉（业主）占有他人（开发商）的不动产是公开与真正的业主发生冲突，并持续在一定的时间内独家使用，那么土地所有权将自动转换。

其实，人们也不必羡慕那位流浪汉的好运气。根据2000年12月美国市长的会议报告，全美各个角落有70万～200万的无家可归者。其中，单身男性占44%，单身女性占13%，父母带孩子的有36%，无人陪伴的未成年人有7%，而非洲裔约占50%，白人有35%，西班牙裔的约占12%，美国土著占2%，亚裔约占1%。他们一个月的人均收入从348～680美元不等，有21%的人的收入来自家人或朋友，约28%的受访者表示他们时常吃不饱。另外，这些无家可归之人或多或少有被打、被偷、被抢，甚至被性侵的经历。

因此，我们应该庆幸，当我们每天放学或下班回家时，某一个窗口有一盏灯为你亮着，有个让你牵挂的人在等你。无论如何，无家可归终究是人间悲剧，特别是在合家团圆的除夕日。

和华尔街银行家相媲美的律师

在美国，什么样的人能属于占比仅1%的超富特权职业呢？

除去企业家、大老板，就是律师和银行家（对华尔街从事交易、基金管理等金融服务的统称）了。不过，耐人寻味的是，这两种职业本身都没有创造一分钱的财富，只不过是将已有的财富reallocate（重新分配）而已。

下面让我从一个朋友的遭遇谈起吧。

六七年前，我的朋友露西在纽约出了车祸伤了颈椎，经保险公司评估，愿意支付2万美元赔偿费。露西去咨询律师，只想了解赔偿金额是否合理，谁知律师自告奋勇地接了案子，担保至少能得到理赔20万美元，而且事成之前不用她花一分钱。

没想到，这个官司一打就是5年，终于打赢了，获得赔偿金20万美元。为此，露西高兴万分。但没想到的是，理赔金额是四六开，律师得先拿去8万，然后再计算律师费。随后，露西接到律师楼厚厚一摞账单，她大吃一惊：出庭费每小时500美元，面谈每小时250美元，日常案头工作每小时200美元，总计律师费10万美元！最后，到露西手里的依旧是一张2万美元的支票。不过，律师还算“客气”，没让她倒贴就不错了。由此可见，在整起事件中谁落袋的钱最多就很清楚了。

前几年，曾经有两条财经新闻引起了很多人的关注。

第一条大新闻是加拿大政府将几大烟草公司告上法庭，索赔3500亿加元。加拿大政府的索赔理由是，烟草公司刻意隐瞒、销毁科学研究报告，使加拿大政府的医疗费用每年多支出上百亿加元。被销毁的报告指出，吸烟对人体之害堪比海洛因，非但伤害肺部，更容易得心脏病，还会引起脑出血、糖尿病，严重者将丧失免疫能力，而且对无辜的吸二手烟者伤害更大。

顺便提一下，之前也发生了美国政府聘请律师团状告烟草公司的“世纪官司”，牵涉6000亿美元，震惊全球。人们本以为美国政府要给烟草公司一点“color see see”（给点儿颜色看看，有调侃意味）了，可烟草公司也不是省油的灯，哪里会等着被宰，他们花费巨资请了实力雄厚的大律师团跟美国政府“拼”。很显然，烟草公司更胜一筹，结果就像O.J.辛普森的案件那样，以律师“颠倒黑白”的本领使这起大案大事化小小事化了，最后也只是在香烟的包装上加了“吸烟有害”的健康警示，并增加了烟草税。当然，羊毛总是出在羊身上的，政府的官司费用由纳税人买了单，烟草公司的律师费和烟草税因香烟加价最后还是由消费者承担，同时律师将几千万美元的律师费收入囊中。所以，这次加拿大政府起诉烟草公司，想必又是如此这般。不管怎样，最大的赢家肯定是律师，数钱数到手发软。

第二条新闻是之前针对当时的高盛的CEO兼董事会主席布兰克费恩（Lloyd Craig Blankfein）的采访。其时，美国的金融危机还远未过去，高盛却宣告2009年可望成为“最赚钱的一年”，奖金数额将创历史新高，平均每位员工可获得70万美元的红包。对此，美国各界反应强烈，一片不满之声。布兰克费恩在电视上为奖金问题辩解说，不给高薪就留不住“天才”。

美国律师是赚钱机器，但是跟华尔街的银行家一比，那真是小巫见大巫。2008年这次金融危机，人们总算看到大大小小马道夫分配财富的能量了。这些年，随着美国监管机构取消了对银行经营的限制，使越来越复杂的金融工具不断被发明，财富也就越来越容易从大众的口袋里“被分配”进了华尔街银行家的口袋里。

由此形成一种循环，一批批“最聪明之人”被华尔街的巨额收入吸引而投身其中，参与制造着惊人的经济泡沫，进而伤害实体经济，危害社会大众。不知道如此的戏码要演到何时才结束？

不过，希望华尔街的金融大鳄能适可而止，因为如果绵羊成长的速度无法赶上狼群的增长，最后就只能狼吃狼了。

不开私家车的纽约曼哈顿人

美国是车轮上的国家，按统计几乎每人都有车。不过，有一个地方的人又几乎不开车，而且这个地方的人平均收入恰恰是全美最高的，那就是纽约曼哈顿。在北美，纽约这个城市最像上海和北京，或者应该这样说，北京、上海最像曼哈顿。

最早留意到这个现象，是我刚进入华尔街不久。当时，我的顶头上司彼特住在华尔街对面的布鲁克林高地。一次，我和他出差去波士顿，他告诉我要租一辆车。我感到很奇怪，便问："为什么不开自己的车？"他说："我没有车。"我想，他每年至少赚30万美元，怎么不养车呢？他看出我诧异的眼神，便反问我："为什么一定要养车呢？"从注意到顶头上司不养车，我渐渐地发现"真正"的纽约人绝大多数都不养车。

近年来，这种现象连国内的亲友也注意到了。一次，一个老同学和我聊天，她说最爱看有关纽约生活的电视剧，如《老友记》和《欲望城市》。她说："电视剧里的纽约人好像都不开车，出门不是坐地铁，就是打的。"我说："是啊，生活在曼哈顿，公共交通发达，计程车随叫随到，非常方便。相反，要是自己开车的话，由于堵车根本无法控制时间。"另外，从经济角度上说，一个固定车位每个月租金至少600美元，有的停车场甚至每15分钟收10美元。养一辆私家车，停车费加保险费、油费、汽车折旧，每个月要二三千美元，而一张公共交通的月票只有几十块钱。

在西方发达国家，汽车无疑是主要交通工具，但那种将骑自行车或乘坐公共汽车看成是降低自己身份的观念早已过时了。在某种意义上，良好的自行车或公共汽车基础设施是民主政治的反映，它表明一个骑自行车或坐公共汽车上班的公民与另一个坐在豪华轿车里的公民是同等重要的，这就是交通所体现的公平性。

再后来，我住进了曼哈顿的罗斯福岛，所居住的“曼哈顿花园”（Manhattan Park）小区是联合国各级官员的居所，前秘书长安南就曾在岛上住了好些年。他们也是入乡随俗，每天搭乘岛上的红色大巴出出进进，而这红色大巴和美国接送孩子上学的校车很像。一大车衣冠楚楚的大使参赞们乘坐其间，也算是纽约的一大景观吧。

关于汽车，有些人可能还有一个观念，就是觉得一个地方的汽车越多，那个地方的生产效率就越高。但真是这样吗？

最近，哈佛有一份研究报告显示，在郊区、中小城市，情况的确如上所述，但在大城市就绝非如此。在人口超过100万的大城市，当汽车的数量从无到有的初期阶段，生产效率的确成正比提高，但到达一定数目后交通成本将会越来越高，渐渐地将会抵消生产力的提高。随着汽车数量的进一步增加，就会和效率成反比，而那时整个城市就渐渐成了一个巨大的停车场，大家都将动弹不得了。

骑单车的伦敦市长和坐地铁的纽约市长

曾经有一则新闻，著名英国纪录片女导演弗兰妮在伦敦下班回家途中碰到一群十几岁的街头女混混，将她狠狠推倒在汽车上。眼看就要挨打，弗兰妮吓得直喊救命。这时，一名戴着头盔的男子刚好骑自行车路过。听到有人求助，他马上冲向这群女流氓，大喊一声：“你们在干什么？”弗兰妮定睛一看，来人竟是伦敦市长鲍里斯。

堂堂的伦敦市长怎么会以骑车代步呢？其实，鲍里斯是有名的每天骑自行车上下班的“单车市长”。无独有偶，在美国还有个“地铁市长”——位居“世界之都”纽约的市长彭博，身家上百亿美元，仅上东城的一栋镇屋就值几千万美元，却每天乘坐4号、5号地铁线上班。起先我还以为那是他拉选票的“噱头”，后来有两年我每天也坐4号、5号地铁线上班，隔三差五总能见到他，这才相信他不是在做秀。

美国的确有开车文化，平均每个人都有车，所谓“车轮上的国家”。不过，在纽约特别是曼哈顿，人们却几乎都不开车。

我曾在纽约的大街上看到过这样一个场景：一对年轻的恋人，就像我们当年那样男的骑在自行车上，女的坐在前面的架子上，两人相偎着谈笑风生，快乐地穿梭在车流中如鱼得水；而边上一辆辆外地来的奔驰车堵在车流里动弹不得，车主开了车窗“Fxxxing! Fxxxing!”地骂骂咧咧。

其实，有的时候人会分不清手段和目的。在公共交通不发达的地方，开车原是一种手段，可现在很多人却把开车当成了目的。我有个表弟从美国加州搬到纽约，那时我住曼哈顿，所以他先在我那儿落脚，但想不通我为什么不养车。一周后，他找到一套很满意的公寓，在曼哈顿第一大道上，但他发现那栋楼里没有停车位，最近的一个停车场在15分钟路程以外的地方。他问我：“住在这儿，我怎么开车呢？”我说：“住在这儿，你不需要开车。”他问：“在北美，怎么能不开车呢？”我反问：“在北美，为什么一定要开车呢？”为了能开车，我表弟搬到了新泽西州，宁愿每天在路上花两三个小时到曼哈顿上班。

近年来，人口密度高、最早城市化的欧洲各国越来越流行骑自行车，而原来的自行车大国——中国却越来越热衷于拥有私家车，而且迷恋拥有豪华型的耗油大车。这种转变，真令人深思！

欧美富人为何喜欢慈善捐款

欧美富人为何喜欢慈善捐款呢？

一是不捐也得被迫“充公”。

在美国，因为缴不起税收而财产被迫充公的例子很多。例如，铁路大王范德比尔（William Vanderbilt）死后，继承人因缴不起他留下的豪宅“听涛山庄”的物业税，只能“奉送”给美国政府。

有了这些前车之鉴，欧美富人都赶着在生前筹划身后事，也就不足为怪啦！

例如，巴菲特、比尔·盖茨设立了慈善基金会。比尔及梅林达·盖茨基金会是全世界最大、操作最透明的私人慈善基金，基金会有三个受托人：比尔·盖茨、梅林达·盖茨和沃伦·巴菲特。截至2009年底，基金捐赠规模达335亿美元，其主要目的是在全球范围内提高医疗保健和减少极端贫困，在美国扩大教育机会和获得信息技术。为了保持慈善基金的资格，基金会每年至少必须捐出其资产的5%，也就是说每年起码得捐掉15亿美元。多么了不起的善举啊！充分肯定了比尔·盖茨和沃伦·巴菲特的人格魅力。

二是他们认为富人进不了天堂。

任何举动都不会是无缘无故的，背后总有潜在的动机，比尔·盖茨和沃伦·巴菲特也不例外。

富人捐赠巨额财富与他们的宗教信仰有关。犹太教徒和基督教徒都把赚钱作为上帝赋予的责任，但同时相信富人进不了天堂。《圣经》说："富人进天堂，比骆驼穿过针眼还要困难。"与进天堂永生相比，在临死前将身外之物都捐了，又有什么舍不得的呢?

其中，最典型的当数洛克菲勒。洛克菲勒是美国最伟大的企业家，富可敌国，而他设立的洛克菲勒基金也是世界上最大的慈善基金之一。洛克菲勒有写日记的习惯，几乎每篇日记里都提到上帝的信仰，有一段是这样写的："我相信赚钱的能力是上帝赐予的……我的职责就是赚钱，赚更多的钱，然后听从良心的差遣，用我所赚的钱为我的同胞的利益服务……我距离见上帝的日子越来越近了，在剩下的时间里我应该把更多的精力投入慈善事业，把上帝给我的财富与更多的人分享。"

大慈善家卡内基更进一步说道："人富贵而死，死得可耻。"

三是除了信仰还有无奈。

除了坚定的宗教信仰之外，富人们倾囊一捐还有个心理因素，那就是与我们普罗大众一样不喜欢"被"缴纳税。巴菲特曾透露，他每年缴纳给政府的个人所得税比他的秘书缴纳的还要少。

不喜欢缴税这一点，从盖茨基金的类别上也能得到印证——非经营性私人基金。这是美国国税局为富人制定的一条税法条律，普通收入者永远无法触及，而这个条例就是501（c）3条款。根据此条款，美国富翁建立的非经营性私人基金可以完全免税。这样既可免去重税，又可获得社会声誉之善举，何乐而不为?

众所周知，比尔·盖茨拥有的绝大部分财富是微软的股票，最高时他拥有的微软股票市值920亿美元（2018年）。如果他将财富作为遗产传给儿女，按美国法律需要缴纳遗产税，而税率在50%上下，若以转移产权生效之日的收盘价来核算税额，那么他的儿女接受遗产的当日需缴纳480亿现金的遗产税。要知道，比尔·盖茨是不可能有这么多现金的，而且他也无法出售股票。按照惯例，大股东出售股票必须经由董事会同意。如果比尔·盖茨一意孤行为了儿女抛售股票，那么微软的股价就将狂跌，变成垃圾股也是可能的。如此，他的儿女所持有的股票还有何价值呢？所以，最聪明的做法就是把股票转赠给一个以他命名的基金。

那么，捐款的去处与大户是怎样的呢？

美国之所以成为世界第一科技强国，有一个重要因素就是全世界的人才移民，所以科研和私立学校正是美国慈善捐款最大的去处。美国一流大学的奖学金几乎都来自慈善捐款，这便成就了人才竞争的利器。目前，美国1/3有博士学历的科学家和工程师均来自外籍人士，其中有22%来自中国。有句话说“清华、北大是美国名校的预科班”，实际是道出了些许事实。例如，有一名耶鲁毕业的中国留学生，回国后赚了大钱，后来捐给耶鲁8 888 888美元，为了感谢当年耶鲁大学给他奖学金改变了他一生的命运。

除了教育捐款，政治捐款就更明显地带有政治企图。例如，世界首富沃尔玛家族一直涉足政治捐款，在全美所有势力最庞大的公司财团中的政治捐款数目名列第一。这对于沃尔玛成为全球最大企业是否有间接甚至直接的关系，此处暂不详谈。

以上几点，就是欧美富人为何热衷于做慈善的最主要的原因。

与其被政府拿去，不如放在自己的慈善基金里想怎么花就怎么花。事实上，盖茨夫妇将他们的基金像企业般经营着，既落得了慈善家的美名，又站到了“道德制高点”上，何乐而不为呢！

不过，在西方国家还有个非常有趣的现象，就是最爱捐款且捐款平均数最高的资金居然来自黑社会。难道这是因为他们做了亏心事，想通过捐款得到心理平衡吗？我们对此不得而知，但我在做证券交易监控时有一项是必须特别注意的，就是防止黑社会和某些富人通过捐款将其黑色或灰色收入洗白。

北美法院是如何挑选陪审员的

在北美，每一个公民都有做陪审员的责任，一旦被挑选就必须去，十天半月不能上班，但公司不能扣薪资。

多年前，我刚进入华尔街不久，我的顶头上司就被法院随机挑中，入选为一起杀人案的陪审团候选人。没想到隔了一天，他就回来上班了，说是没有被选上。因为那个嫌疑人是西班牙血统的南美人，而我的顶头上司也是西班牙裔，需要“避嫌”。

后来，我们在闲聊时问起陪审团的筛选过程才知道，挑选陪审团人选时，一般来说有两类人是选不上的：一类是高学历的所谓“精英人才”，包括博士、专家和教授；另一类尤其重要，不能和嫌犯扯上任何关系。例如，假如嫌疑人是古巴人，那么古巴人就选不上了，唯恐陪审团员嘴下留情；如果嫌疑人是伊拉克人，那么伊朗人也选不上，生怕你会借机公报私仇。

当然，第二类人选不上可以理解，但为何高学历的精英也不能当选陪审员呢？这就是英国制定的common law（普通法）的基本原则，陪审员只要有common sense（常识）即可。因为专家、学者和教授想得太复杂了，研究的问题太纵深了，往往反倒失去了常识。

一般而言，杀人就该得到法律应有的惩罚，就那么简单。不过，看似简单的一个问题，有时又会涉及社会、家庭等方方面面，实际却并没有那么简单的。

北美的六个社会阶层是如何区分的

在北美生活多年的中国人，聚在一起常常谈论的话题就是抱怨难以融入主流社会。他们时常会说出国虽然得到了天空，却失去了大地，无论过去多少年却依然好似“边缘人”。我认为，这其实只不过是每个人的心态而已，只要不把自己当外人，认同大众普遍认同的价值观，这样就已经融入了主流社会。

在北美，不同阶层可以按照收入多寡，以及从事什么样的职业来确定。其中，60多年前美国社会学家威廉姆·华纳提出的社会划分理论可以参考。威廉姆·华纳把北美社会阶层分成了上、中、下三层，每层之中再有上、下之分（虽然60多年过去了，北美社会层级划分并没有发生明显变化）：

1.“上上阶层”（upper upper class），指那些名门望族，如洛克菲勒、范德比特、摩根、肯尼迪等家族。

2.“下上阶层”（lower upper class），指那些新贵，如企业家比尔·盖茨、金融家沃伦·巴菲特、华尔街大亨，以及电影、体育明星等。

以上两类人数不多，占美国人口1%～2%，也就是所谓“上流社会”。

3.“上中阶层”（upper middle class），指专业人士，包括硕士、博士、医生、律师、会计师、工程师、科学家、银行家、公司高管、中小学校长、大学教授、船长、建筑师、作家、艺术家等。所以，我们广大的留学生其实一般都能归类于这一阶层。

4.“下中阶层”（lower middle class），指较低收入的白领（但不包括蓝领工人），如警察、消防员、中小学教师、护士、政府工作人员、办公室职员、技术员、和小企业家等。

5.“上下阶层”（upper lower class），指那些蓝领工人，也被称为“工薪阶层”（working class）。

以上三层构成了北美的中产阶级，占到人口80%以上，也就是所谓主流社会基本构成，是北美的中坚稳定因素。不过，遗憾的是，2008年这次由次贷危机引发的金融海啸使得北美的中产阶级在迅速地缩减。

6.最后是“下下阶层”（lower lower class），指那些靠社会救济生活的无家可归的无业游民等。他们在社会的最底层，大约占人口10%。这次金融危机使北美这个阶层迅速壮大，也就是我曾撰文提到的“北美中产阶级离穷人只有3个月的距离”。

物以类聚，人以群分。同一阶层的人一般会有类似的价值观，他们通常也会展现出相同的喜好、类似的生活方式和购物行为，以及待人处事的态度。例如，不同阶层所阅读的报纸杂志也不尽相同，下层和工薪阶层喜欢八卦小报，中产阶级喜欢时尚和有关名流的杂志，而上层社会则倾向于文学、旅游和新闻类的期刊。

多年来，北美社会大多是呈现中间大、两头小的橄榄形结构，中间人数最多，上层和底层人数相对较少，而这样的社会最为稳定和谐。

第五章

北美人VS中国人

北美与中国肯定是有很大区别，这体现在北美人与中国人的性格和做事风格上，这与东西方的文化有极大的关系。例如，美国富豪的太太往往不是漂亮姑娘，但这里面有一些特别的原因。中国人在北美做个农场主，也是很不错的。中国商品在美国是什么价格呢？美国市场与中国市场到底有什么不同呢？

是什么影响着中国移民融入美国主流社会

有人向我咨询，中国移民是不是很难融入美国主流社会？

其实，这是一个伪命题。因为，提问的人显然将一些媒体渲染的所谓美国主流社会当真了。在一些媒体的宣传中，“主流社会”就相当于有钱有势，开豪车，住别墅，动不动就穿着晚礼服参加高端酒会，家里不是上市公司CEO就是州议会议员，学历不是斯坦福就是MIT，跟总统合影如家常便饭……

事实上，这根本就不是美国的主流社会，最多只能算上流社会。实际上，处在上流社会的只是整个社会中极少的一部分人，这部分人可能是好几代人的积累才有了如今的地位和财富，也可能是金融或互联网的新贵在短短几年就上榜福布斯，但他们绝对不能代表主流社会。

别说中国移民无法融入美国上流社会，不管哪个种族的移民想要进入美国上流社会都是很难的。因为一个平民想要变成贵族，非得经历几代人的积累不成。

在美国，社会形状是呈橄榄形的，与金字塔形社会大部分由底层构成不同，因为橄榄形社会的两个尖代表社会的上层和底层，数量都是非常少的，而中间那一大部分才是普通民众，才是这个真正的主流社会。

也就是说，美国的主流社会，其实就是广大的中产阶级，而美国华人移民的收入高出整个美国家庭收入的中位数，从收入来说恰恰已经完全融入了主流社会。

有些媒体会说，收入不能说明问题，融入是文化上的。然而，美国的文化就是移民文化，美国对于新移民的包容要比非移民国家强得多。

不管什么种族的移民，只要你愿意融入新的环境，你身边的人都会很乐意接受你。美国几百年的历史充满了种族斗争和平权运动，他们是付出过惨痛代价的，所以他们知道反省，也才有了今天包容平等的移民文化。

温州人、上海人、华尔街犹太人

我在北美生活了近30年，但时至今日我都不敢说自己通透西方文化。不过，有一点我可以肯定，对各个地方的人进行归纳下结论并非仅仅是中国人的“爱好”，因为北美人也喜欢这样，而这似乎是人的本能。

在二十四五年前，我刚进华尔街投行工作的时候，当时整个办公楼里没几个亚洲人，常常有美国同事问：“你是新加坡人吧？”我说：“不是。”“香港人？”“也不是。”然后，他们会上下打量我一番，颇为自信地说：“你一定来自台湾！”当得知我是从中国大陆来的，他们会立刻摇头：“你不像大陆人。”随后，他们会不甘心地再追问一句：“大陆的哪里？”这就不好回答了。

我虽然祖籍温州，可出生在上海，小时候又长在北京。按照北美的习惯，应该说我是上海人。但中国人是按祖籍来区分籍贯的，我又应该是温州人，可因种种原因我上大学之前连温州都没去过，倒因为曾在北京生活了好些年而说得一口略带京腔的普通话，外出时常被误以为是北京人。

原先，我极不愿意被说成是上海人。因为在中国人的心目中，上海人自恃自己身居大都市，素质高、品位高、有文化、有教养，总觉得自己见多识广，对身边的一切事物完全按上海人特有的标准去评判，凡事要“讲讲清爽”。对于“拎不清爽”（上海话，指不可理喻）的“外地人”，上海人会丝毫不掩饰他们的轻视，甚至有点儿鄙视。

再说说温州人。近10年来，善于集资抱团炒作的温州人，组成了一个个“温州炒房团”在全国各地四处出击，甚至还炒到了海外，一路炒高了各个行业的价格。虽然这种“能力”给温州人带来了巨大的利润，但扎堆投机也制造了经济泡沫，连温州本地的房地产也被温州人自己给“坑”了。

早在20世纪80年代，温州人就被媒体封为“东方犹太人”。为何称温州人是东方犹太人呢？因为美国前总统罗斯福曾感叹：“影响美国经济的只有200多家企业，而操纵这些企业的只有六七个犹太人。”我在华尔街工作了20多年，那儿的金融精英近半数是犹太裔，他们常常被责备只对金钱的增长感兴趣，不择手段，没有道德顾忌，对人对事冷漠无情，没有温情和关爱，除非对小圈子里的自己人。

事实上，上述的归纳判断是有失偏颇的，而stereotypes（刻板印象）就是专门形容这种状况的——将相同的性格用在团体的每一个成员身上。那么，这种stereotypes是怎么形成的呢？

后来，我在一份中文报纸上找到了答案。报纸上的一篇文章说，在纽约居住着上百个国家的移民，大家普遍认为华人开车最喜欢按喇叭，黑人最喜欢超速，南美人最多酒后驾车，但真的进行科学统计之后发现实际并不是这么回事，而上述印象只是局部印象，是一种错觉。

再后来，我通过和一位美国人聊天进一步加深了对此事的理解。美国人说他第一次去唐人街时，汽车的喇叭声和乱穿马路的行人使他“very impressive”（印象非常深刻）。他第一次看见是这样，之后逐渐地将这种不遵守规则的现象与华人连在了一起。然而，这事往深了想一想，唐人街由于路面狭窄人又多，有些新移民把国内乱穿马路的习惯带了过来，汽车为避免撞人就按响了喇叭，一旦汽车驶离唐人街开到地广人稀之处，谁还会按喇叭呢？但是，因为这一点就判断华人开车最喜欢按喇叭，显然是有失偏颇的。

同样，上海多元化的文化形态决定了上海人的多样化。上海既有很大气的人，也有很小气的人，既有豪爽的，也有含蓄的。今天，这个城市的人已经不可以简单地归纳为上海人，而是拥有全国各个地方，甚至全世界各个不同地方特点的人。温州人也不全是抱团炒房的投机者，也有大量享誉国内外的专家和学者，如中国现代数学祖师姜立夫、数学大师杨忠道、作家叶永烈、生物学家林海帆、散文家琦君、医学博士夫妇王家骅和夏初临、基因专家杨焕明等。

在国际化的今天，以一种刻板印象去界定一个城市、一个群体的经济和文化显然是落伍的，而我们更需要反思的不仅仅是如何扩大自己的视野，还包括如何解放自己的刻板头脑。

如何做个快乐滋润的北美农场主

基辛格说："如果你控制了粮食，你就控制住了所有的人。"

许多新移民来到北美，由于在原居地大多从事专业工作，像医生、律师、会计师，来了以后必须重新考当地的执照才能执业，连电工、木工、水管工也必须考执照。如果有些人为了孩子才移民，实在不愿再回学校啃书本，这时不妨尝试一下新的领域——务农。在北美，试着做个加拿大的农场主，或许也是不错的选择。

我朋友老刘原来是上海纺织大学的高才生，在上海一家大型棉纺织厂干了近10年，出国前已经是副总工程师了。十几年前刚到多伦多时，找了大半年都找不到专业工作，眼看就要坐吃山空了，于是他急得每天给我打电话问怎么办。我让他打开思路，不要太执着于一定找到原来的专业工作。一天，老刘在报上看到一则就业讲座信息——"如何做个农场主，免费参加"。他心动了，决定去听听看。在这个讲座里，他了解了农场的情况，最后走出第一步选择了做菜农。时间一久，他倒也喜欢上了做个农民，生意越来越大。

我刚到美国就听说北美的农民是世袭的，不是随便谁都可以做的，因为农民的土地代代相传，而地主又不会轻易出卖土地。那么，多伦多的土地是怎么更弦易张，中国新移民又是怎样摇身一变成了加拿大的地主呢？

据一份2007年的统计资料显示，其对大多伦多地区近10年来的农场流失情况进行了一项统计，从中不难看出越来越多的加拿大年轻人选择离开农场，不愿承袭家传的土地继续经营。所以，农场经营者由1996年的96 940名，减少到2006年的82 410名；农场35岁以下年龄的人越来越少，而55岁以上的中老人却越来越多。这就给新移民带来了新的创业机会，我的朋友老刘便是其中之一。

老刘开始时从当地的大地主安德鲁家族租了10公顷土地，当时土地每公顷1万加元，而租地是每公顷700加元左右一年。老刘当时手头只剩四五千加元了，连租地的钱都不够，更别说其他开销了。但在北美，加拿大政府对新移民中自己创业的可以让银行提供小额低息贷款，于是老刘的小农场很顺利地开张了。

多伦多的土地黑油油的真肥沃，于是老刘决定全用来种蔬菜。因为多伦多的广东人特别多，所以他种植了广东芥蓝、油菜、豆苗、芫荽等。当地的加拿大人则大片大片种植西红柿、黄瓜、花菜。据老刘说，西方人种植西红柿和花菜很有一套，华人竞争不过西方人。

不久，老刘就干顺了手开始赚钱了，觉得还真不错，便决定大干。于是，他把手头的10公顷土地买了下来，又向安德鲁家族租了40公顷地。从第二年开始，他每年向安德鲁家族买5～10公顷土地，前后一共买了50公顷土地。

老刘本来还想多买些，但从六七年前开始土地价格每年都上涨，老安德鲁就舍不得把祖辈留下的地统统卖掉了。十几年前，在多伦多的郊外，土地每公顷1万加元，近几年已经涨到了三四万加元了。如果政府批准能卖给居民住宅开发商的话，更会涨到每公顷五六万加元了。

经营农场的投资可大可小，像老刘由于开始没那么多资金，机械设备基本上都是买二手货，如拖拉机、抽湿机、冷库、温室育苗圃、育苗机、水泵、播种机等。因为一辆新拖拉机需要25万加元，但二手货就只需9万加元左右。实在没钱买，还可以花钱向邻家租，月租花多少就全看交情了。

除了固定资产投入，最贵的就是人工。不过，好在美国边上有个墨西哥，无论是当地的西方人还是华人，都喜欢雇用墨西哥人。墨西哥“阿米哥”（西班牙语“朋友”，对墨西哥人的昵称，就像我们称“哥儿们”一样）人工便宜不说，只要给他们吃饱吃好，放到田里收割起菜来手脚灵活、干劲十足。不过，他们只要一旦想家便拍拍屁股就走，但过几天又会在田埂间出现，八成是钱花光了又回来挣钱。

现在，每到收割季节，老刘起码要雇用10个墨西哥人。种菜都在夏季，一般4月初开始在温室培育菜苗，等下过最后一场秋雨农场便关闭进入冬眠，长达5个月。一年里，阿米哥只做5个月，一般不需消费，因为农场会专门请一个厨子做饭，一日三餐天天变花样，同时还要管他们住。

说起住所，加拿大政府有明确的规定和标准。每年开工前，政府会派人前来检查，符合指标才给开工令，因为农地附近属于沼泽地，政府担心万一下大雨有积水将危及工人们的安全。工人住的是trailer（像影星们住的活动房屋），一个房间规定最多住6个人，分上下铺，一律席梦思床；还要为他们买5个月的各种保险，包括人寿保险，以防发生意外。如果农场违反政府规定，政府会罚款，情节严重的甚至会被吊销经营执照。

实际上，经营农场还是全靠天吃饭。运气好的时候，隔几天天上飘洒点细雨，老刘就不用启动自动喷水器。加拿大水费很便宜，但启动喷水器用的是油，100多公顷菜地一个月光油费就省下2000加元。再说，现在油价逐月逐日上涨，而菜价却不能涨太多。恰巧，今夏多伦多雨水特别丰沛，天上时不时落下一场细雨，老刘笑得嘴都合不拢了。

看来今年又是一个好年成，估计能赚个十五六万加元。到冬天，老刘一准儿又将去气候温暖的地方旅游，或回上海“冬眠”四五个月去了……

为何欧美富翁不娶美女当太太

在纽约曼哈顿，至少坐拥1000万美元才能算中产阶级。曼哈顿的房价，哪怕是穷人住的最便宜的co-op house（合作公寓）都得五六十万美元一个单元，而中央公园周围的高档住宅区，每套价格都在两三百万美元以上。特别是宋美龄女士曾经住过的曼哈顿上东区，外表“普普通通”的一栋townhouse（连体的镇屋）或是penthouse（顶层豪华公寓），更是动辄几千万甚至上亿美元。如果你只是个年收入在10万美元以下，税后净收入不到7万美元的“升斗小民”，就是送你一套公寓可能都住不起，因为你可能连每年七八万美元的房地产税都付不出来。

据美国税务局的统计显示，纽约华尔街30多万员工的平均年收入超过30万美元。我在纽约华尔街前后工作了十六七年，知道这个统计数字所言不虚。我周围年收入超过50万美元的同事多如牛毛，超过100万美元年薪的也随处可见，但这些高收入的同事们也不过是“打工仔”而已。纽约是全球几百家大公司的总部所在地，掰起手指数数有多少老板就可以想象纽约有多少亿万富翁了，而这么多年过去经济增长得更多。可见，在纽约“坐拥1000万美元只能算中产”的确是没错的。

当然，纽约更是美女如云的地方。华尔街公司的女秘书们，哪一个都不比好莱坞的女明星差。“人往高处走，水往低处流”，既然纽约的亿万富翁多如牛毛，殷实人家不计其数，按说是“beauty and the beast”（“郎财女貌”），如此富翁娶美女该是顺理成章的事情啊。但据我多年观察下来，富翁的太太多数不是美女，而想嫁富翁的美女也很难如愿以偿。

我刚进入华尔街不久，我的部门经理西班牙裔美国人Juan在华尔街对面的布鲁克林高地买了套百万美元的公寓。乔迁之喜，他请同事们到新居开party。其时，Juan一表人才，30岁刚出头。虽然在美国不能打听收入，但华尔街大投行的部门经理的年收入随行就市至少30万美元。从平时的聊天中得知，他已经结婚几年，还有一个孩子，而我想他的太太应该一定很漂亮吧。那天，去他家时是一个相貌平平的黑人大嫂开的门，我说是来参加party的，她欢迎我进去，还问我是Steven（我的英文名——作者注）吗？我心想她大概是Juan家的保姆，进去后经过介绍才知道她就是Juan的太太珍妮。

珍妮虽然相貌平平，但她是Juan大学里的同学，哈佛的高材生。据Juan讲，珍妮不但才智超人，还很有爱心。读书时，尽管课业繁忙，她仍经常挤出时间做义工，有时去病童医院给孩子们讲故事，有时到老人公寓陪孤老上街散步。于是，Juan爱上了极具爱心的珍妮，并跟她结婚了。自打Juan娶了珍妮之后，他的家庭稳定，事业也更加蒸蒸日上。

自从见到珍妮之后，我便“小心翼翼”起来，但凡参加这样的party都先别乱猜测谁是谁，听主人介绍后再打招呼为好。

我的朋友玉芬，因为老公有了外遇，快毕业时离婚了，两个孩子都归她。那时，我想这下她可惨了，徐娘半老，又无风韵，还带着两个孩子，今后恐怕只能找个老头儿相伴了。没想到，半年后就接到了她的结婚请柬。在她的婚礼上，我意外地发现她竟然嫁了个很优秀的美国人——理查德。小伙子帅极了，人高马大，乍一看还真像汤姆·克鲁斯，而他是“初婚”且比玉芬还小两岁，是华尔街的交易员，每年至少赚50万美元。

细想下来，玉芬虽然外表一般，岁数大些，还带着孩子，可她不仅像美国妇女那样特立独行，在职场上勇于进取，而且她开朗活泼，还经常带着孩子打网球之类的——理查德就是在球场上认识她的。同时，她做得一手好菜，理查德是意大利后裔，一吃她烧的菜便想起了他的母亲。看来张爱玲说得不错，要拴住男人的心，首先得拴住男人的胃。

我在纽约读书那会儿，同学中单身的中国女生有6个，在我的眼里这6个人不仅没一个称得上美女，有两个连中等姿色都够不上，还都上了点儿岁数。她们都说自己在国内是老大难——“高不成，低不就”，父母每天唠叨，亲友们不断追问，一逮着机会就拖着她们到处相亲，真是不胜其烦，而出国是她们摆脱烦恼的一大动机。有意思的是，国内的老大难，一到美国都成了“香饽饽”，她们和玉芬一样，后来一个个都嫁得如意郎君，嫁的是清一色的美国人，个个年轻英俊，虽不大富大贵，但也都是高收入的专业人士，前途无可限量。

谈了普通人，再来看富翁们的婚恋吧。

好莱坞大亨伍迪·埃伦（Woody Ellen）在中央公园附近拥有价值上亿的penthouse，他几年前与同居多年的女友分手并娶了养女为妻。但看一眼他们的结婚照，伍迪虽然上了年纪，可依然神采奕奕、风度翩翩，而他那个小新娘就是做十次整容估计也缩短不了与美女的距离。

再看传媒大亨默多克的忘年交。多年前，默多克以68岁高龄毅然与前妻离婚，迎娶了35岁的广州妹邓文迪，一时传为“佳话”。依我之见，默多克身家几十亿，集团下又有电影公司和电视台，身边一定是美女如云。我想邓大小姐即使不是国色天香，也至少是广东靓女吧，但从电视里一看真人，按中国人的审美标准是无论如何也很难列入靓女的行列。

希腊船王奥纳西斯可谓是“名女人收藏家”，他先是看中了“世纪之莺”——歌剧女神玛丽亚·卡拉斯，后又迎娶杰奎琳·肯尼迪。但他的这些名人太太其实都不算漂亮，最多只能说有气质。

有人说，美国新闻里不是常有富翁娶美女，妙龄少女嫁富老头吗？其实，新闻工作者都知道“狗咬人不是新闻，人咬狗才是新闻”，新闻报道的都不是常态。可见，在美国，“郎财女貌”的婚配并不多见。

那么，是不是美女碰不到大款呢？当然不是。我前面提到，单华尔街就群集了10多万高收入金领。但是，在美国办公室恋爱是职场大忌，稍有不慎便会冠以“性骚扰”的帽子，所以那些经理、主管对公司的美女大都敬而远之。不过，纽约好些公共场所倒是富翁出没之地，曾经有好事之人在网上列出了一些酒吧的名字和详细地址，专供美女们上那儿挑选如意郎君。不过，听我一哥们儿说，那儿的美女可真是多啊，也是一夜情概率最多的地方，但想找结婚伴侣，“No way, don’t even think about it!”（没门儿！）。

为什么呢？于是，我常琢磨这事儿。

我在瑞士信贷上班时，我们部门的秘书和我关系不错，有点儿红颜知己的感觉。她对东方文化颇有兴趣，我对西方文化情有独钟，所以我们时常共进午餐海阔天空地聊。一次，我冒昧地问：“你丈夫在哪儿高就？”她苦笑道：“在天上飞呢。”“不会吧？你长得这么漂亮会没有人追？”她说：“是呀，我也纳闷呢。我倒是不缺男朋友（她在这儿用“boy friend”，就是指有亲密关系的男性朋友），但早已到了谈婚论嫁的年纪。其实，我只想嫁个年收入过30万的人。我周围好些小姊妹，长相如同白开水，毫无吸引眼球之处，可却大多找到了心仪的郎君，有的甚至嫁入豪门，但我偏偏找来找去找不到。Why? 你分析分析是怎么回事儿？”

她的问题，我实在难以回答，便只能用中国人的说法，诸如什么“情人眼里出西施”“千里姻缘一线牵”这类话来“忽悠”她。这些话很难用英文解释，我说得真辛苦，她倒是听得津津有味，还一个劲儿地点头。

其实，那会儿我已经渐渐地整理出头绪。“窈窕淑女，君子好逑”这种喜爱，首先是生理上的需要，上升到心理层面的爱情则是另外一码事儿，而再要升华至谈婚论嫁那更是一种理智的选择。富人们之所以成为富人，他们的智商一定不低，情商肯定不俗，财商更是超凡。所以，他们是一定能把性爱、情爱和婚姻分得泾渭分明的。

对那些富人而言，婚姻是一项长线投资。美女提供漂亮的外表，富翁出钱获得美色，看似是一场公平的交易，但如果美女仅仅只拥有美貌的话，跟美女结婚就绝对不是一项划算的投资。因为美女的美貌会逐年慢慢地消失，就像买辆豪华车一样，车的价值在到手的一瞬间就已经depreciation（贬值）了，而富人的钱却往往会越来越多。因此，从经济学的角度讲，美女拥有的是贬值资产，不但贬值而且会加速贬值，而富人拥有的是增值资产。如果美貌是美女拥有的唯一资产，往往10年以后她的价值可能归零，那这样的婚姻对于富人们来说是一个公平交易吗？

真是“Great minds think alike”（英雄所见略同）。前些日子，JP摩根银行的投资顾问罗波·坎贝尔在他的博客表达了类似的意思：“用华尔街的术语，每笔交易都有一个仓位，跟美女交往属于‘交易仓位’（trading position），一旦价值下跌就要立即抛售，而不宜长期持有——也就是美女想要的婚姻。”

坎贝尔接着说道：“听起来很残忍，但对会‘加速贬值’的美女，明智的选择是租赁，而不是购入。”

于是，我突然想到了房地产大王、当今的美国总统特朗普（Trump），他的“太太们”倒个个是美女，但他就是遵守了华尔街的规则，隔三差五不断地“抛售”——“You are fired!”，另娶新欢。

说到这儿，大家该明白了为何富翁多半不娶美女了吧。

最后，再借用坎贝尔的话送给那些想嫁给富翁的美女们：“我劝你们不要苦苦寻找嫁给有钱人的秘方，而是多想想如何使自己不断增值，这比碰到一个有钱傻瓜的胜算要大得多。”

中国老太和美国老太

美国人要买房子了，借钱买；想买车子了，也借钱买；要大屏幕电视机了，再借钱买。

这就是美国模式，其经济理论依据的是新凯恩斯主义，减少储蓄以增加收入并带动经济增长。“需求”重于“供应”，消费可以带动生产，无须金本位，法定货币是可取的，可以充分依赖政府来调控经济。几十个年头过去了，在这一经济模式的主导下，以美国为首的一些发达国家经济体均陷入了“以房市为中心，以高负债和失业率为基本点”的怪圈，就像我们儿时玩过的跷跷板，压下这一头，翘起来那一头。

以美国为例，美国的财政赤字、欠债消费早已达到天文数字。如果要减少财政赤字，即意味着政府减少开支、减少大型基础项目、减少个人消费，那样失业率就会进一步上升。失业率又是房市的最大杀手，如果房市进一步下跌的话，负资产家庭将越来越多，罚拍屋也跟着越积越多，金融机构就将继续沦陷，各行各业也随之受损，金融危机就会进一步加深。要是设法减低失业率，目前现存的私人企业举步维艰且总在裁员，唯一指望的只有政府。但政府又没有钱，在不能增加开支与投入基础项目的前提下，就只能提高税收和继续借债，那么财政赤字肯定继续上升，两头怎么都无法摆平。

实际上，东西方文化在价值观上的差异还是非常大的。其中，有一个故事就十分形象地描述了美国人和中国人不同的价值观念。

故事讲的是一位美国老太和一位中国老太在天堂相遇，美国老太很高兴地说："进天堂前，我终于为那套住了几十年的大房子还清了贷款。"中国老太很遗憾地说："辛辛苦苦攒了几十年钱，进天堂前总算买了套大房子，可惜没住上两天。"

不久，她们俩又在天堂相遇了。中国老太拿着玻璃杯喝着咖啡，美国老太捧着紫砂壶品着茶。

中国老太说："你怎么开始喝茶了？"

美国老太说："你怎么喝起咖啡了？"

中国老太说："唉！还是你们美国文化厉害啊！我的子孙信上帝不拜祖先了，他们不给我敬茶、烧香！"

美国老太说："不对！还是你们中国文化厉害啊！我的子孙开始拜祖先，还给我烧香、敬茶！"

中国老太与美国老太开始互问为什么。

中国老太说："我的子孙说我什么也没给他们留下！"

美国老太说："你不是给他们留下房子了吗？"

中国老太说："可是房子只有70年的产权，已经到期啦！现在，房子已经不归他们了！那你的子孙呢？"

美国老太说："他们还住在我买的房子里，房子重新盖了，地也升值不少了。他们都感激我给他们留下的房产，因此学你们中国人开始敬祖了。”

次贷危机中，她们俩又在天堂相遇了。

美国老太说：“我的房子要被银行收回了，你借钱给我还债吧。”

中国老太说：“你们的危机也影响到我们了，我的日子也不好过啊。”

美国老太说：“那我把美国国债卖给你，我有钱还了房贷就能继续去买漂亮家具了，这样你们的出口也能回升了，你的日子也就好过了啊。”

于是，中国老太用省吃俭用的钱换回了绿色的美国国债。

如果两个老太收入、年龄一样，中国老太难道也需要像美国老太那样花上几十年时间才能买得起房子吗？其实，未必，因为中国的房子是不如美国贵的。

北美人也爱买房吗

次贷危机那几年，北美绝大多数城市的房价都在下跌，唯独中国移民的群居之地不降反升。在全球，中国人的聚集之地如纽约的唐人街、皇后区的法拉盛和布鲁克林的八大道，还有旧金山和洛杉矶的唐人区，以及加拿大的温哥华和多伦多，澳大利亚的悉尼和墨尔本等地，房价都被高高吹起，形成了一道“亮丽的景观”。就在全球经济危机之时，一般北美人特别是美国人谈房色变之际，似乎唯独中国人在逆流而上。

好些人以为房市上涨对经济有利，但事实上房价上涨是一把双刃剑。特别是一旦房价飞涨，对当地人而言绝对是弊大于利，而对于移民本身也一样。房价越高越买不起，哪怕起先以低价买进，上涨之后也只是纸面富贵，除非是炒房赢利的投机者。因为在欧美国家购得房产之后，每年必须支付1%～3%不等的房地产税，假如税高到无法承担的水平，屋主就得卖房搬家，哪还有安居乐业可言。

可见，房价飞涨是会惹出“大事”的。

前两年，温哥华市议员及市长候选人彼得·利德（Peter Ladner）明确表示，鉴于温哥华地产价格飙升的趋势，政府应限制外国人，特别是中国人购买房子。他指出，大量来自中国的炒房者是导致房价高升的主要原因，“由于房价飙升，迫使本地人大量地迁出，同时阻止了新移民的进入，最后所得到的已经不是我们曾为之自豪的城市”。

加拿大麦当劳房地产代理公司的副总裁称，温哥华的房市走势与北京、上海和香港房价大幅上涨的地区很相似，很大程度上是由富有的中国移民及投机炒房者推动的。当然，加拿大为全球金融危机所采取的“零利率”的救市政策，也是推动房价高企的另一个诱因。

然而，中国人的“爱房”情结，与北美人的生活习惯发生了激烈的碰撞。北美人对房子的传统理念，买房不过是另一种生活方式的选择而已，它和买一辆奔驰没有本质的区别。在北美，典型的中产阶级的家庭生活按部就班，上学、结婚、生子，然后养孩子、养狗，工作、付账、听歌剧、看电影、旅游、减肥、看病、吃药等。在他们的观念里，人生就该如此这般，家庭收入中的1/3用来缴税，1/3用来支付日常开销，只能将不超过30%的家庭收入用在房子上。

很显然，中国新移民的炒房热潮已经大大影响了当地人的生活品质，抗议之声自然不可避免。

澳大利亚对外国人也实施了房子限购令，这在号称自由市场的西方国家实属罕见，是对外国人（以中国人为主）在澳大利亚炒房忍无可忍的具体措施。紧接着，韩国、日本、巴西等国也相继推出类似的限购令。在温哥华，英文媒体大篇幅报道华人（尤其是中国买家）在温哥华的抢购房产潮，已有开发商收到本地人士的抗议电邮，指房价过高遗祸下一代，且华人已太多应该限制移民，更有人甚至扬言要炸毁开发商的办公室。

加拿大政府显然听到了抗议之声，在权衡了利弊且不给予任何预警的情况下突然宣布：自当年的7月1日起，全球只受理700宗投资移民案，企业家移民全面停止，技术移民人数减半。这次加拿大移民政策的调整，无疑对温哥华和多伦多等地的房屋市场具有不可抑制的影响。

不过，加拿大隔壁的美国似乎并不介意中国的热钱。目前，美国打开大门“真心”迎接投资移民，许多房地产项目直接跨越太平洋远销中国，投资额从原先的100万美元降至50万美元，甚至打着“在北京买房移民美国”的广告。殊不知，这是因为美国的经济陷入了泥潭，一时难以自拔，特别是房市依然“跌跌不休”，正需要移民注入热钱呢。当然，美国也不怕滚滚而来的中国热钱，他们自有办法应对，就像当年对付日本那样。20多年前，日本人曾豪情万丈地发出了“买下美国”的壮语，但结果是没几年就尝到了大苦头。

有鉴于此，提醒急于赴美抄底房市的投资者务必慎重、慎重再慎重，以免房市下行的利剑伤了自己，更希望想通过在北美炒房发财的投机者三思而行。

事实上，最近北美房价最热的几大都市——纽约、洛杉矶、多伦多、温哥华等地的房价已经开始掉头向下，而澳大利亚那几个“热点楼市”的房价也下跌了……

欧美当地人对中国人炒房怎么看

中国人喜欢买房子，去海外置业也是他们最热衷的事情。在最受中国人欢迎的海外置业国家中，加拿大排名第三。据统计，加拿大最大城市多伦多50%的新房被外国人买去。在温哥华和多伦多，50%的公寓大楼为外国投资者所拥有，其中温哥华有15%的房子长期空置。

加拿大楼市泡沫对当地人影响如何？这里，我先讲一个几年前的小故事。

我的同事麦克是个挺神气的大帅哥，土生土长的加拿大人，是我所在部门的系统管理工程师，年收入七八万加元，比加拿大同龄人的平均收入高了一倍多。麦克6年前结婚，之后添了一男一女两个孩子，3年前买了一栋大洋房，生活可谓美满幸福，典型的北美中产阶级。

可是，近来麦克像变了一个人，瘟鸡似的时常唉声叹气。按说在北美不能随便打探别人的隐私，但我在强烈的好奇心驱使之下忍不住开口问他：“Is something wrong?”（出什么事了吗？）没想到，他瞪了我一眼，说："都怪你们中国人！"

我一愣，不会吧，忙问怎么回事儿。

原来，多伦多的房价这些年一路飙升，已然大大超过了当地收入的增长幅度。麦克购买房子时，房价已经高处不胜寒，因为北美多年来房价一直维持在平均家庭年收入1～2倍之间。在他买房时，多伦多的房价却已超过他们夫妇年收入的4倍了。按北美人的生活习惯，孩子大了必须分房而居，享受各自的自由空间，于是麦克只能硬着头皮买大房。当然，收支相抵的日子自然过得紧绷绷的，而且由于房价上涨使得政府收取的房地产税也水涨船高。同时，最倒霉的是一年前他老婆被裁员，直到6个月后才找到新工作，但薪水比先前少了不少，家庭收入缺了一大块。

想想也是，麦克太太的收入只够请人看孩子、伙食及零用，而麦克每个月税后拿回家4000加元（税前年收入七八万加元、税后5万多加元已属高收入群体），扣去房屋贷款、房屋保险、房地产税、汽车贷款和汽车保险几项大开支，再加上旅游度假娱乐等，每个月都有几百块钱的大缺口，日子过得是入不敷出。

"但这和我们中国人有什么关系呢？"我反问。

麦克说："你们中国人，来到这儿有了一套房子还买第二套，买了两套还想买第三套，甚至第四套、第五套，一门心思靠炒房子投机赚钱。一个新楼盘一开盘，70%的买家都是中国人；一套二手房一上市，中国人就争先恐后拼命地抢。中国人可以不上馆子、不进电影院、不去歌剧院、不购买图书、不到体育馆看球赛、不出去旅游、不上健身房，一心一意只买房子、买房子，哪怕自己没钱也要四下借钱去买房。多伦多的房价就是这样被你们抬高了，害得我们都住不起了！我父母已经退休了，原本准备在老房子里安度晚年的，结果他们的房子也涨了，地税也随之涨了一倍多，搞得他们入不敷出，只能将房子卖了。于是，他们在多伦多待不了了，搬去了伦敦（安大略省的一个小城），害得我每次去看他们都不方便了。我今天的生活状态全拜中国人所赐，逼迫着我像你们那样生活，不怪你们我怪谁？"

听了麦克带情绪的宣泄，我心里很不是滋味，从来都不曾想到在当地人的印象里我们华人的形象会如此不堪。当时，我本想反驳，但看着平时温文尔雅的麦克涨红了脸说出这等重话，显然是被逼急了。于是，我话到嘴边又咽了回去，打了个哈哈就此打住。回头仔细一想，其实麦克说得也并非不无依据。

这几年来，只要有中国人涌入的地方，如美国纽约、旧金山、洛杉矶，加拿大温哥华、多伦多，英国伦敦，澳大利亚悉尼、墨尔本等地，房价都高高吹起。

这种情况令欧美人开始无法忍受，因为传统的欧美人用于房子的支出不超过税后收入的1/3，现在房价疯涨得令他们买不起房子，或不得不改变原来的生活方式。

最近，多伦多居民布拉齐在Change网站上发起请愿，要求政府规管外国人投资多伦多房地产，一下就得到万人呼应。

顺便提一下，加拿大自1995年开放中国直接移民，父母团聚从原本的3年拖至如今的至少13年。记得几年前的一个问卷调查的结果，只有9%的加拿大人喜欢中国移民，离“黄祸”之说已经不远了。谁能想到，千百年来中国人勤劳的形象却被“投机取巧”代替了。

也就是说，中国人的“爱房”情结与北美人的生活习惯已经发生了激烈的碰撞。俗话说“入乡随俗”，移民身在异国他乡不能要求别人来适应我们，假如有一天真把人家惹急了，相信谁也不能阻挡别人反对中国人移民和执行限购房子的措施。

“美漂”海归在中国都市租房居住为宜

几年前，我纽约的朋友老庞“光荣”退休了，他和太太决定告老还乡回上海定居。他们在纽约生活了近30年，两个儿子一个在香港定居，一个在上海发展，事业都非常成功。其实，他们多年前就萌生了回国之念，但上海的房价日升夜涨，看得上的房子从前些年的三四百万元一路涨到了七八百万元一套，比他们纽约的房子还贵，这就阻碍了他们的回国之路。后来，我反复跟他们说，其实在国内一线城市特别是北京、上海，租高端房太划算了。在我几个月“苦口婆心”的劝说下，他们终于痛下决心改买为租，在上海徐家汇“东方曼哈顿”租了一套三房两厅的“豪华”公寓，如果要买的话需要800万元，而租金每月却只需7500元。于是，他们高高兴兴地“落叶归根”了。

回上海后没多久，老庞电话告诉我一切顺利，很快就适应了，又重新做回了上海人。他说只是有一点担心，好像最近房租在上涨，而且新闻报道国内平均上涨了10%～15%，上海甚至上涨了20%，如果要是一直涨下去那就住得不安心了。

我马上让老庞放宽心，理由如下：

一是新闻报道中的数字不一定准确，好些新闻标题是吸引眼球的炒作。

二是即使目前房租真有些上涨，主要是因为好些人持币待购，都暂时租房住。

三是与此同时不少炒房者又在“高位”抛售，一时间出租房供不应求，房租自然上涨，但一旦房价下跌20%～25%的时候，自然会有大批租房者购买房子。因为，中国人从古至今都有强烈拥有土地的情结，现在无法拥有土地了，便把这一情结转移到了房子上。但凡负担得起，便会不计代价、不会考虑什么“租售比”“房价收入比”，而是一定要“拥有的”。

在中国，房子已然成了投资产品，而不是高档消费品，因此房价是不计入CPI的。所以，这几年房价才会猛涨，一直涨到老百姓无法承受，涨到经济不可持续发展了。但房租和大米、猪肉一样，是作为生活必需品计入CPI之内的。也就是说，一旦房租猛涨就会引发通货膨胀，犹如米价、肉价上涨，政府会立刻干预，以免破坏社会的安定团结。关键的是，在中国，任何事情只要政府重视，就会有办法解决。不过，我倒是觉得对如何控制房租涨幅，中国完全可以借鉴纽约。

例如，纽约曼哈顿的房价和上海一样，也高得令人震撼。同样一套1250英尺（合120平方米左右）的公寓，在旧金山60万美元，在洛杉矶45万美元，在休斯敦达拉斯只需十五六万美元，在迈阿密就只要10来万美元，而在曼哈顿则至少要120万美元。

不过，曼哈顿的房租和收入相比却不贵。我曾经在曼哈顿生活多年，一直租公寓而居，最后五六年每年租金超过3万美元，但是依然很划算。因为曼哈顿的地产税是房价的2%～3%，如果买下我所租住的公寓至少花费100万美元，每年支付地产税、公寓管理费再加上水电费，甚至要超过3万美元的房租。这也是90%以上的曼哈顿人愿意一辈子租房住的经济原因。

在曼哈顿，房东不能随意涨房租，更不能赶走租客。当然，这就要归功于纽约政府了。所以，房客们根本不会担忧没有家的感觉，纽约的法律是极力保护房客利益的。主要有以下两点：

一是租房的稳定性。房东不能随便毁约，绝对不能赶走房客，只要房客有正当理由如失业，哪怕白住三个月也不能赶走房客。房东与房客有任何矛盾，最后得上法庭打官司，由法官判决谁是谁非；

二是房东不能随意增加房租。法律规定，房租每年的涨幅不能超过平均工资的增加幅度，以及通胀幅度。

这两条法律充分保护了房客的利益。所以，在曼哈顿早就有了共识，有钱人拥有住房，实现了自我价值，享受到了成功的喜悦；而买不起房子的房客住得安心、放心，视租房为自己的家，照样也享受到安居乐业的快乐。

纽约政府还用征来的房地产税造了许多廉价公寓，穷人申请批准入住之后，每年按收入的比例支付房租。就这样，在纽约，中产阶级、穷人和富人都各得其所，其乐融融。

那时，我在曼哈顿每个月支付2500美元房租，而在同一个大楼内有些房客只交1000多美元。他们都住了多年，甚至大半辈子，住进去的时候房租只有几百块，每年只能小幅上涨，甚至不涨，而在通缩、经济不景气时房东还必须相应地减房租。

如此，相信中国政府很快也会制定相关法律来保障房客的利益，用不了多久房租就会稳定下来的，所以我请老庞放宽心。

为何著名舞蹈家金星一直租房

众所周知，任志强是中国所谓“楼市头号死多头”，他在2014年底的一次论坛上再次发出了神预测：“只要经济是增长的，中国房价就将持续上涨，2015年不买房，那就再等30年吧！”（注：意思是，要是2015年不买房的话，那你以后想买都买不起了……）

不过，一直租房而住的著名舞蹈家金星却有着自己不同的看法。

2015年7月9日，潘石屹作为一名商人做客《金星秀》，首开了这档综艺节目的先例。大房地产商做客脱口秀，谈论的话题自然是离不开房地产了。在节目中，潘石屹问及金星：“还租房而住吗？”金星肯定地回复：“是的，我在中国没有房产。”

这些年来，金星一家住在上海锦江饭店的总统套房内，门上的黑匾写着“金府”两个大字。很显然，她把自己的家安置在宾馆里了，而且她在中国也并没有投资买房。于是，潘石屹便开玩笑地对金星说：“你错过机会了。”金星却并不以为然。

以中国当下的高房价来看，租房比买房要划算太多了。所谓租售比，就是房价和月租金的比值（也可定义为房价和年租金之比）。国际上通用的合理租售比值为：旧公寓大楼是120倍（收取的管理等费用和楼龄成正比），新公寓是140倍，独立的别墅或连体镇屋是160倍。如果计算得出的数字低于这些比值，说明房价是合理的；一旦超出这个比值，说明房价被高估，也就是说有泡沫之嫌了。从金融角度上说，在合理租售比以下，买房合算；超过合理租售比，自然就是租比买合算。

不过，由于中国的特殊情况，如目前还不需支付房地产税等，租售比可以从欧美最高的160倍大幅提高至200倍以上，因为在中国养房成本暂时低于欧美。再考虑一线大城市，如北京、上海的特殊情况，合理租售比可进一步调高至240倍（即20年的房租）。但事实上，当今中国房子的租售比早已普遍超过300倍，像北上广深那样的一线大都市的租售比已经超过500倍、800倍，甚至1000倍也随处可见。

以金星为例，她居住的锦江饭店位于上海市中心一流的地段，闹中取静，而那套总统套房层高3.2米，大约250平方米，外带中央空调、露天阳台，落地玻璃窗外花园景色尽收眼底，还提供特别的私人管家式服务。如果要购买这一套房子，8000万元甚至上亿也不会嫌多。但金星每年仅支付100万元左右租金，合月租金仅为8.33万元，租售比超过1000倍，超过合理租售比4倍！难怪金星要选择租房而居了。显然，要是金星买房而住的话，哪里住得到这么高端奢华的房子呢！

那么，为何房子租售比能衡量房价是否合理，是否有泡沫呢？

由于房屋是普通百姓购买的最大宗商品，绝大多数家庭如不向银行贷款就根本买不了房子，因此在宽松的信贷环境下，只要有购房意愿，谁都能获得房贷。当越来越多的人将买房作为投资甚至投机的时候，这一信贷消费模式其实是严重扭曲了真正供求关系的，结果房价就会越来越高，使得泡沫不断变大。

但租房市场就不一样了，只要稍加留意便可发现一个现象，那就是在房价飞涨的地区，房租并不随之同步上涨。这是因为租房市场是一个“有效市场”。关于“有效市场”的假设，是认为市场在信息方面的有效性已经把过去、现在甚至将来事件的贴现值反映在市场价格中，所以在任何时候房租市场的价格都是合理的。

从金融上说，最关键的原因是房租不能借贷，必须以现金全款支付，必须依照真正的供求关系而定。也就是说，房租所反映出来的才是百姓在房子这一商品上的真正承受力，而一旦房租涨到房客租不起的时候就真的租不起了。目前，逃离北上广的人有各种原因，但房租过于昂贵绝对是最大的原因之一。

再回到《金星秀》栏目，当金星问及房价还会不会大涨时，潘石屹谈到了中国楼市的基本面。潘石屹表示，目前全国人均住房面积已经近40平方米，从整体而言中国已经不缺房子了。同时，他还表示，他的公司今后将会减少开发楼房项目，已经开发出来的也可能不卖了，将改成出租房。言下之意，因为房子太多，房地产的繁荣鼎盛期到头了，房价大涨的基础已经不存在了。

总之，房租反映的是普通百姓的收入水平，而有泡沫的房价反映的是高收入人群的支付能力。租售比超出合理范围越大，则表示房地产泡沫越严重。房子租售比是衡量房价是否合理的精确标尺，特别是对于个人投资者而言。

目前，北美超过1/3的人、欧洲超过一半的人都租房而住，而中国已经超过90%的人拥有自己的住房了。如果说要与欧美接轨，那么越来越多的年轻人及中高收入人群应该选择租房而住以提高生活品质，显然这也将是中国未来的一大趋势。

为何总有人晒美国工资高物价低

2017年以来，作为世界第二大经济体的中国的中国央行将人民币兑美元贬值近10%，是自2011年7月以来人民币兑美元不断上升触顶之后的首次大幅下跌，一时间成了全球市场的大事件，引起全球强烈反响，并屡屡成为国际财经的头条新闻。

2015年1月，英国《经济学家》（*The Economist*）周刊曾发布巨无霸（麦当劳的一种食品）指数，表示美国巨无霸的平均价格为4.79美元；按照当时市场汇率，中国的价格只有2.74美元。所以，此时“粗略的”巨无霸指数表明，人民币被低估了43%。

那么，人民币究竟是低估了，还是高估了？

目前，随着中国成为全球第二大经济体，在一个特定的时间点，每一份合约、每一笔交易，以及每一个结算平台，如果都使用人民币而非美元的话，那么“切割”世界经济和金融蛋糕的大小已经很明显地发生了变化。

从理论上说，只要人民币使用量增多，便意味着原有美元的蛋糕被切小了。按照这个逻辑，一个国家的货币使用率越高，就会变得越来越流行，其购买力和信用也将大大地提高；反之亦然。

然而，当今世界上的法定信用货币无须支撑物（如黄金），就可以自由地印制。其中，美元在全球所奠定的地位——通过世界上主要国家签署的文件得到确立，它被当作世界货币来衡量其他货币，其优势无可比拟。因此，迄今为止，人民币的购买力远不如美元坚挺。

例如，之前网上曾晒出了中美两国的价格差异——“中国，工资5000元，吃一顿肯德基30元，下馆子最少100元，买条Levi’s（李维斯）牛仔裤400元，买辆车最少3万元（如夏利）；美国，工资5000美元，吃顿肯德基4美元，下馆子40美元，买条Levi’s牛仔裤20美元，买辆车（如宝马）最多3万美元”。

类似的例子还可以继续列下去，尤其是“中国制造”商品在美国卖得比中国还要便宜。例如，一双耐克运动鞋，在中国需要700元人民币，在美国只需300元人民币上下；一套阿玛尼西服在中国3万元人民币，在美国只需7000元人民币；一个iPad在中国要4000元人民币，在美国只需3300元人民币。

出现上述状况的原因，是由于出口美国的商品只能用美元结算，再加上商品的定价权在美国手中。例如，粮食、水资源及发展经济所需的石油、钢铁等大宗商品的定价权都掌控在美国手中，保证了美国人长期享受着低通胀的美好生活。其中，美联储的一大功能就是将美国核心通胀率控制在2%的范围内。

近20年来，美国物价波动极小，可以说是非常平稳。但反观中国，近些年来通胀率已徘徊于5%左右，物价上涨幅度大已是民众一个普遍感受。同时，华盛顿不断地对中国政府施压，要求人民币升值。但人民币升值的显著结果就是同一种商品在两国间产生了不同价格，而美元（相对人民币）对外贬值就是人民币实际上对内购买力贬值，所以这一进一出自然就形成了相比中国而言美国物价偏低的现象。

不过，在现实生活中人民币也并非真那么不值钱。例如，但凡非国际品牌的商品、土特产品，以及保姆和钟点工等，就比美国要便宜。所以，中美物价各有高低，不能一概而论。美国吃喝穿用确实是便宜一些，但那些只是美国生活的小头，而真正的大头恰恰是短期到美国旅游的人感受不到的。

事实上，那些晒美国物价低的人，往往都是那些去美国旅游或刚到美国不久的人，对美国的了解还浮于表面。同时，特别强调一下，美国的房地产税约为1%～3%，视不同地段而定。例如，一栋50万美元的房子，每年要交付1万多美元的房地产税。但这在中国是不能想象的，就好比青菜和萝卜，有时候并不具备可比性。

因此，英国《经济学家》周刊推出的“巨无霸指数”，只是一个非正式的经济指数，是在假定购买力平价理论成立的前提下来测量两种货币的汇率理论上是否合理。这种测量方法，以各国麦当劳餐厅的大麦克汉堡价格相对于该国货币汇率作为比较的基准。因为麦当劳几乎等于美国文化和生活方式，已成为全球化标记，而一个国家的麦当劳价位则反映出这个国家的经济与消费能力。例如，2015年1月，在丹麦的大麦克汉堡售价换算为美元后为5.38美元，而在美国是4.79美元。根据“巨无霸指数”推测，与美元相比较，丹麦克朗被高估了约12%，换算公式为：$(5.38-4.79)\div 4.79\times 100\%$。

总而言之，中美物价各有高低，不能一概而论。目前，美元兑人民币在6～7元之间，算是个相对合理的汇率。

至于近两年来人民币兑美元的贬值，显然并不能解读为人民币将出现趋势性贬值，更不是汇率市场化的重要一步。从长远来看，在可自由兑换之前，人民币pegging（钉住）美元依然是主基调，而中国依然是出口大国。其实，中国产品出口主要靠资源优势而非靠汇率优势，况且在美元定价权的前提之下，汇率贬值其实对促进出口起不了关键的作用。不过，产业转型需要时间，等到产业转型结束，甚至到人民币可自由兑换之时，人民币兑换美元才可能进入贬值通道，那时也才会比较理想。

再谈美国生活成本到底有多高

经常有人问我："总有人晒美国物价低、工资高，但美国家庭储蓄率为啥只有4%？"关于这一点，前文已经谈了一些，这里接着再详谈一下吧。

其实，这些年来中国制造的各种商品，小到牛仔裤、刀具、玻璃器皿，大到电视、电脑、汽车，在美国购买都比中国便宜，而这种现象早就不是什么新鲜事儿了。例如，北美人常穿的雪地靴，一模一样的一双雪地靴，在美国的沃尔玛标价为60美元，打折时最多40美元，而在中国却要人民币500元；Levi's的505牛仔裤，生产基地在广东东莞，在中国一条价值899元人民币，而在美国亚马逊网站上只需24.42美元，合人民币166元，价格相差5.4倍。

俗话说“人离土贱，物离土贵”，但中国商品出口在外的价格反而低于本土，这就匪夷所思了。事实上，这一不合理的现象也并非只发生在中国，几乎所有国家的商品在美国都比原产地要便宜。例如，纽约曼哈顿第五大道，全球的名牌产品全都聚集在那儿，售价比原产地还便宜，所以欧洲人、日本人到纽约旅游的一大目的就是在第五大道上购买“自产”的皮包、手表、香水等。

实际上，这一现象也同样也发生在加拿大。例如，美国的Costco（好市多）连锁超市，店里的各种商品都价廉物美，同样的商品价格至少比其他零售店低20%。因此，几年前回到加拿大，我们依然办理了Costco的会员卡，每个星期去一次，顿时感到多伦多Costco的价格比美国高，但因为那时加元比美元弱，心里倒也释然。

不过，第二次去Costco购物时，我们仔细看购物清单后发现：货架子上的咖啡、葡萄干、核桃仁等美国品牌商品的价格依然比美国贵了30%左右；欧洲的商品如意大利橄榄油、酿造醋，比利时和瑞士的巧克力，价格也都比美国贵。假设那些进口商品牵涉到进口税的因素话，但就连加拿大的特产枫叶糖浆也比美国要贵，即使同样的品牌、同样的大小、同样的包装，在美国每瓶标价只要9.99美元，而在加拿大却要12.99加元。

对加拿大人来说，这两年去美国旅游购物是最大动因。一到节假日，加拿大人便驾车争先恐后大排长龙南下美国购物，因为在美国出售的一般商品普遍比加拿大便宜20%～30%。最明显的是汽车，同样的品牌在加拿大买比在美国买贵几千上万加元，名车的差价就更大了。加拿大人去一次美国，同样花上千加元的话，既买了所需的商品，还能连吃带玩儿。所以，对加拿大人来说，美国堪称“购物天堂”。

如果说前几年加元兑美元处于弱势，加元购物比美元贵还说得过去。但是这几年来，加元兑美元几乎接近parity（平价），一直在1∶1上下徘徊，甚至一度比美元还强劲。从理论上说，加元应该更具购买力才合理，可为什么加元还是不如美元值钱呢？

其实，原因很简单，就是美元的特殊霸权性和由此掌握的定价权。这些年，美元持续贬值，连连破了“历史新低”，但有意思的是除了油价之外，美国境内的物价实际却没涨。换句话说，美国百姓享受着低通胀的美好生活。

自布雷顿森林体系解体（1971年）后，失去黄金支撑的美元迅速贬值，为了重建世界对美元的信心，美国必须找到一种能有效影响价格的实物来支撑美元。然而1973年底石油危机爆发，油价飞涨，这给美国找到了替代黄金硬通货的机会。1975年，美国与海湾国家相继签订协议，协议的主要内容只有一个，即这些国家在石油交易中必须用美元来进行结算。这样一来，全世界的石油进口国就都必须持有美元，而随着油价上涨，进口国还必须持有更多的美元。于是，失去黄金支撑的美元又找到了替代黄金的新依托，那就是“黑金”——石油。

美元特权使美国成了“世界央行”，令美国不受外汇储备短缺的制约，避免了巨额贸易逆差可能引发的货币危机和债务危机，却通过贸易逆差获得了国内经济发展所需的实物资源和大量资金。现在，全球早就出现dollarization（美元化）的趋势，这种趋势又进一步巩固了美元的霸权地位。

前几年，美国攻打伊拉克不惜花费巨资，最后花去了1万亿多美元。于是，好些人以为美国是“劳民伤财，得不偿失”，做“世界警察”做傻了。其实，美国会干这种傻事吗？当然不会。现在，美国的真正目的已渐渐明了，伊拉克战争就是为了确保石油按美元结算。接下来，要是伊朗一旦不用美元结算石油，那就将步伊拉克的后尘。

由于目前人民币还不能自由兑换，出口美国的商品只能用美元结算，加上定价权在美国手中，于是人民币升值的显著结果就是同一商品在两国间产生了不同价格。例如，一双运动鞋，在多年前1美元兑换8.3元人民币时，美国以10美元购买下来，而目前1美元只能兑换6.8元人民币了，但美国还是以10美元买下来（因为定价权在Wal–Mart［沃尔玛］等美国大零售商手中）。所以，同一款商品在美国价格不变，但由于美元对外贬值，人民币实际上是对内贬值。

事实上，目前粮食、水资源，以及发展经济所需的石油、钢铁等大宗商品的定价权都掌控在美国手里，具体来说是华尔街手里，而美元的特殊性又使美国享有商品的定价权。目前，以美国拥有的绝对军事优势来看，确保了今后20年内美元的特殊地位，而美元的上下波动完全根据美国的需要来确定，不管发生什么样的危机都能确保其真正的价值，更保证了美国人在无通胀的压力下幸福地生活。

那么，为何美国制造的成本比中国便宜2%～3%？

例如，目前美国地价仅为2万美元/英亩，相当于2万元人民币/亩，但现在中国许多县城工业用地100万元/亩，是美国的50倍。但地价是制造业的成本大头，而美国的土地成本低于中国，自然制造成本也随之比中国低了。

长期的低物价、低通胀，美国人真的是“花小钱”就可以大手大脚享受幸福生活吗？也不尽然。美国生活也有很多“隐性”成本。

上述商品价格的比较，往往是游客或短期停留者最容易接触到的，因此凡到过美国的人都会惊呼其物价之便宜。但其实这只是美国人消费支出的小头，大头要真正生活在美国才感受得到。

美国人一般1/3～1/4的收入用于缴税。在税后收入中，有1/3用于购买养老、医疗等各类保险；1/3用于住房（按揭贷款买房或租房）；剩余1/3用于教育、食品、交通出行以及其他杂项开支。我们通常用于基本生活用品的开销，在其消费支出结构中占比极小。

与中国人有很大不同的是，热衷消费的美国人只有在住房开支上可以做到“量入为出”，他们一般不会为了房子而影响自己的其他消费，所以房子在他们看来只是“家”而非投资品，不仅没有可能从房子上获利，反而保有环节要付出很多开销。

例如，一栋价值30万美元左右的新式电梯公寓，房地产税、物业管理等费用每月要七八百美元。如果是独栋房子，费用更大。美国大多数独栋房子都是老式的木结构房子，五年一小修，十年一大修，大修一次费用就要10万美元左右。刷墙，一个简单的三居室内墙就要三四千美元。由于人工费用贵，所以大多数家庭都自己动手。在美国，几乎每个社区都有大型的建材购物中心，人们会经常去购买建筑材料维护和翻修房子。

另外，草坪的维护也是一笔不小的费用，一个月也要几百美元。

家里下水道堵了找人疏通，一次可能要三四百美元。飓风季节要砍树，也要几百美元。请人搬家，每人每小时80～100美元。

除了房子之外，购买养老、医疗等各类保险也占了美国人支出的一个大头。如果没有医疗保险，美国人看病是非常昂贵的，看一次病搞不好就要破产。内科医生挂号费是60～80美元，专科医生挂号费是150美元，再加上检查费和医药费，令普通收入者备感压力。

购买医疗保险的费用也是比较高的，大部分人只有通过工作的公司购买集体保险，才能享受正常廉价的医疗服务。老人到65岁以上可以享受免费医疗。此前，美国官方曾经公布的数据是5000万人没有医疗保险，如果加上数量庞大的非法移民等群体，那么没有医保的人数当在七八千万之多。

教育亦是美国家庭的一大开支。虽然美国实行12年义务教育制度，公立学校直到高中都是免费的，但上大学的费用就比较昂贵了，即便是上本州的公立大学的学费也要几千美元一年，好的私立大学的学费更是每年高达数万美元。同时，美国平均书价在17美元左右，教科书则100美元起价。

还有一个比较容易被忽视的是交通出行费用。对美国家庭来说，平均每家有两三辆汽车基本算是生活必需品，因为美国人离开汽车可以说寸步难行，很多地方都没有公共交通。所以，尽管美国油价很低，但由于通勤距离远，加上停车等费用，每个月至少也有好几百美元的开销。

这样整个算下来，普通美国家庭的确大多徘徊在“收支相抵”的状况，不会有多少结余。

版权在美国有多重要

版权，也称为著作权，分为人身权与财产权。其中，人身权包括了公开发表权、姓名表示权，以及禁止他人以扭曲、变更方式利用著作损害著作人名誉的权利。财产权是无形的财产权，是基于人类知识所产生的权利，故属知识产权之一，包括重制权、公开口述权、公开播送权、公开上映权、公开演出权、公开传输权、公开展示权、改作权、散布权、出租权等。

著作权要保障的是思想的表达形式，而不是保护思想本身，因为在保障财产权此类专属私人之财产权利益的同时，尚须兼顾人类文明的累积与知识及信息的传播，所以算法、数学方法、技术或机器的设计均不属著作权所要保障的对象。

财产权是有期限的权利。在一定期限后，财产权即归于失效而属于公有领域，任何人皆可自由利用。在著作权的保护期间内，即使未获作者同意，只要符合“合理使用”的规定亦可利用，而此规定皆在平衡著作权人与社会对作品进一步使用之利益。

在美国，版权到底有多重要？借用美国专利局上刻的林肯那句话：“专利就是给天才之火浇上利益之油。”在这方面，版权和专利一样，就是拿来做生意的。

总之，如果不做生意（不转化为利益）的话，就不需要版权了，版权就是和利益相关而与价值观无关……

从刷屏朋友圈的盗版电影谈起

2015年的春节，我在微信朋友圈中收到了所谓“奥斯卡资源合集”，仔细一看倒吸了一口冷气，竟然全是当年奥斯卡提名的新电影。当时，这些电影还都在电影院里放映呢，稍有法律观念的人都该知道所谓“奥斯卡资源合集”显然是盗版的。

何谓盗版？盗版，指的是未经版权持有者许可，在法律允许的范围外使用受版权保护的作品，或复制来自非公有领域的作品，或兼容协议来源的作品，包括未经版权所有者许可，以复制、出版、表演、录制、改编、翻译等方式使用受版权保护的作品便构成侵犯版权。

例如，2012年，美国司法部起诉新西兰互联星空（Megaupload）网站，指控该网站创始人金·达康（Kim Dotcom）对电影公司的侵权行为。这起法律诉讼案的原告为好莱坞六大电影制片公司，包括福克斯、迪斯尼、派拉蒙、环球、哥伦比亚和华纳。在原告看来，互联星空网站非法提供大量受版权保护作品，获得了大约1.75亿美元的非法收入。

为了隐瞒互联星空网站上出现侵权的范围，被告没有为用户提供从互联星空网站提供下载的文件搜索索引（虽然被告自己进入了这样的索引），相反被告依靠众多第三方链接网站作为主办方，组织和推动URL链接互联星空网站主办的侵权内容，包括原告的受版权保护作品。所以，好莱坞电影公司通过诉讼对侵权被告获得的利润寻求经济赔偿。

经过近两年的调查和审理，金·达康在新西兰豪宅被警察拦截。美国司法部认为，侵权者不能像以前那样只是简单地被罚破产，应该让金·达康去坐牢。在长达191页的“证据摘要”中显示，美国司法部通过Skype（美国的一款即时通信软件）的聊天记录、财务数据及几十个电子邮件，证明互联星空网站是一个犯罪网站，从一开始就设计为传播受版权保护的作品。

在191页的“证据摘要”中，还详细介绍了金·达康和他的同事在运行自己网站上获得的惊人财富。其中，金·达康拥有互联星空68%的股份，在2010年非法所得4200万美元；首席技术官马蒂亚斯（Mathias Ortmann）占25%的股份，非法所得超过900万美元；设计师班寇（Julius Bencko）占2.5%的股份，非法所得超过100万美元；程序员布莱姆·范德·科尔克（Bram Van Der Kolk）占2.5%的股份，非法所得超过200万美元；首席营销官巴塔图（Finn Batato）虽然不是股东，但也赚了40万美元。另外，互联星空公司斥资61.6万美元在地中海租了一艘豪华游艇。

与此同时，据2008年的另一组数字显示，美国电影协会（MPAA）报告说，好莱坞六大公司因为被盗版而大约损失了61亿美元。2014年5月《卫报》（*The Guardian*）文章指出，美国整个电影业因盗版侵权“一年大约损失200亿美元”——超过2014年美国全年电影的总票房，更超过了去年中国全年电影总票房的4倍。

因此，在国会提出新的禁止网络盗版法案（SOPA）和保护知识产权法案（PIPA）的支持者认为，网上盗版（包括电影、电视、歌曲和软件产业）是一个巨大的问题，使美国经济每年损失近2000

亿～2500亿美元（约800美元/每人），导致75万美国人失业（2倍于整个电影行业在2010年的就业人数）。

很明显的是，盗版取代了合法的交易——大家都免费下载音乐和电影，就像互联星空网站的侵权行为一样，或者在消费水准相对较低的国家的很多人不愿支付（或可能没能力支付）看电影和听音乐的费用。其结果，网络电影盗版使电影票房“失去销售额”，但如果电影、电视和音乐产业不再有利可图，相关产业便会停止制作电影和歌曲创作。

现在，在北美，无论看盗版影视，还是传播盗版影视，都是刑事犯罪行为，会施以最高刑期达5年、最高罚款高达25万美元的重罚。可以说，此举对遏制盗版行为起到了很大的震慑作用。

但没有想到的是，诸如“奥斯卡资源合集”之类的盗版竟然能在中国大行其道，甚至在微信朋友圈中堂而皇之地到处散播。

那么，这么多年过去之后，为何中国影视水准离北美的越来越远，甚至都不如韩国的影视呢？显然，每年90%以上的国产电影投资收不回来，除了其他诸多原因之外，盗版盛行应该也是主要原因。知识版权这么容易被盗取，而且还能肆无忌惮地传播，试想还有多少电影人能静下心来做好作品呢？同时，有那么多的优质电影不花钱就可看到，谁还愿意花钱去看那些毫无创意的烂片呢？

美国富人推崇的9个致富习惯

富人与穷人很大的一个差异是“致富习惯”，而“致富习惯”实际上讲的是人的思维。拥有良好的“致富习惯”会加速人们积累财富，而拥有太多“穷人习惯”的人就是拼了命也难以成为富人。那么，美国富人的“致富习惯”又有哪些呢？

在美国，要进入富人行列门槛并不低。

美国皮尤公司曾做过一项非常有趣的民间调查，以了解哪些美国人想成为富人。这世界上还有不想成为富人而甘愿过穷日子的人吗？民调的结果回答了这个问题，在受访的民众中，只有13%的人把成为富人作为人生最有价值的事，相反却有67%的人认为人生最有价值的事是自己有足够的时间做自己喜欢的事。同时，43%的受访者认为成为富人有些重要，而33%的人认为成为富人不那么重要，10%的人根本不在乎自己是富人还是穷人。

那么，在美国什么人最想成为富人呢？在年收入低于2万美元的成年人中有20%的人最想成为富人，而在年收入10万美元以上人群中有10%的人想成为富人。按照年龄分布，30岁以下人群想成为富人的比例最高，比例为20%；而在50岁左右的人群中，想成为富人的比例下降到10%。另外，在黑人中有26%的人想成为富人，白人中有9%的人想成为富人，西裔人群中有21%的人想成为富人，而在美国第一代移民中有25%的人想成为富人。

在美国，年收入多少才能进入富人的行列呢？按照纳税的标准，个人年收入不低于20万美元、夫妻年收入不低于25万美元算是富人，但这样的收入其实只是中产阶级上层的收入水平，真正可以算作富人的年收入要不低于50万美元，而且这还只是穷酸的富人。当然，美国打工族年收入能达到50万美元的人数比例并不高，所以很现实的美国人认为既然多数人都达不到，那就不做那个梦了，还不如求个小康日子来得现实。

虽然穷人想成为富人的比例高，在美国由穷变富的例子也不能说没有，但毕竟凤毛麟角。在美国，白手起家成为百万富豪的大有人在，但他们并非是真正的穷人，只不过他们没有个富爸爸而不能依赖继承财产来致富。

美国理财专家考利用5年时间对美国的富人和穷人的日常行为、习惯进行了调查分析，他发现富人和穷人很大的一个差异是“致富习惯”。考利认为，成为富人运气只占很小成分，而是与“致富习惯”有关。“致富习惯”实际上讲的是人的思维，其与生活习惯很相像，良好的生活习惯会使人身体健康甚至长寿，不良的生活习惯会影响到人们的寿命，而拥有良好的“致富习惯”则会加速积累财富。相反，拥有太多“穷人习惯”，就是拼了命也难以成为富人。下面是富人常见的九个“致富习惯”，这些习惯融于日常生活之中，更重要的是这类“致富习惯”反映的是一种思维和观念：

1. 富人认为攒钱很重要

88%的富人认为攒钱是致富的基础，在这一点上52%的穷人也赞同。要想成为富人不仅要能挣大钱，而且要勤俭持家、积聚财富。如果花天酒地、挥霍无度，即使家有金山银山也有会被掏空的一天。富人教育子女有一条80/20定律，就是在生活中不要做月光族，至少收入的20%要用于储蓄或是投资。

2. 富人相信身体健康是赚钱的本钱

85%的富人将身体健康看得很重要，认为这是赚钱的本钱，而穷人却把身体健康看得不甚重要，只有13%的穷人认为身体健康是“革命”的本钱。一位富人曾说：“我不可能在医院的病床上赚钱。”因为，身体健康意味着有更多的精力和时间去开拓事业，也会更多地积累财富；身体健康还会将积累财富的时间拉长，即使一个人再富有，但英年早逝也是一种悲剧。

3.富人相信生活习惯对于财富人生很重要

日常生活习惯是否对成为富人有主要影响？富人中有52%的人认为会产生主要影响，而穷人中持这种观点的比例为3%。很多富人会说他们成为富人是运气好，而不少穷人也会说自己运气不好所以成不了富人。但什么是运气，运气从哪里来？富有人群认为不好的习惯造成的是有害的运气，而好的习惯则可以带来机会的运气。

4.富人重视人脉关系和自我成长

88%的富人认为人脉关系对成为富人至关重要，而持这种观点的穷人只有17%。有句流行语“要想成为富人就要和土豪交朋友”，这话说得没错而且很经典。人脉往往是“钱脉”，而富人间的人脉更可以说是“金脉”。富人不仅切身感受到人脉关系对商业成功至关重要，而且他们也做出许多努力来巩固人脉关系。美国富人维系人脉关系也许不是彼此成为酒肉朋友，他们可能会在一些小的事情上做出带有人情味的举动，如在适逢人脉关系人人生大事件时打电话恭喜，祝贺一下生日快乐，甚至是见面喝喝茶。例如，理财专家考利就这样有样学样、照猫画虎，用这一招一年就多赚了6万美元。

5.富人喜欢结交新朋友

68%的富人称他们喜欢交新朋友，而穷人喜欢交新朋友的比例只有11%。中国人常说“在家靠父母、出门靠朋友”“多个朋友多条路”，广交朋友是扩大人脉的一种方式，而在美国也是如此。

6. 富人坚信生活的命运由自己决定

在由谁来决定自己命运上，90%的富人表示是由自己，而穷人中只有10%的人认为命运由自己决定。穷人大多认为自己命不好，没有一个好爸爸。在受访的美国富人中，大多数人最初也不是富人，也没有一个好爸爸来撑腰，但他们秉持命运掌握在自己手里的信念，努力向改进自己命运的目标进发，而这种态度也是他们能够成为富有之人的一个因素。

7. 富人致富依赖创造性而不仅是聪明

75%的富人视创造性为成为富人的重要条件，穷人中只有11%的人认为是如此。富人更多地相信创造性会极大影响能否成功，而穷人则更多地认为自己穷是因为不够聪明。很多成为富人的人在大学的读书成绩只是C，也就是勉强及格，他们算不上聪明人和学霸，但这些人注重创造性而不是死读书，走上社会后更能发挥自己的能力。

8. 富人喜爱他们的工作

85%的富人称他们喜爱自己所从事的工作，而穷人仅有2%的人称喜爱自己的工作。86%的富人平均每周工作超过50个小时，81%的富人称他们要做比工作所要求更多的事情。富人的工作往往是自己开创事业，全身心地投入自不可免，而穷人多是打工族，要想做到全身心投入要求有点过高。

9. 富人勇于冒风险

63%的富人表示在致富的过程中敢于冒风险，但穷人在这方面底气不足，只有6%的穷人表示他们赞同致富要勇于冒风险。在学者的调查中，27%的富人在创业致富过程中至少有一次遭遇失败，人们很容易忘记成功，但失败是刻骨铭心的，如果能从失败中吸取教训重新站起来，这就具备了可能会成功的基本素质。

综上所述，要增加“致富习惯”，减少“穷人习惯”。

其实，每一个人在生活中都有一些“致富习惯”，也会有一些“穷人习惯”，而增加“致富习惯”有助于积累财富，减少“穷人习惯”则可能使人改变贫穷状况。那么，日常生活中的“致富习惯”又是如何表现的呢？下面列举一些常见的现象：

62%的富人在生活中目标明确，67%的富人甚至将自己每月、每年的目标写下来。

81%的富人会列出每日要做之事，每一天的光阴都很宝贵，做好今日之事，而不是明日复明日，明日何其多。

67%的富人每天看电视的时间不超过一个小时，但富人看电视是获取资讯，穷人看电视是为了傻乐。78%的穷人会看娱乐性节目，而富人看娱乐性节目的比例只有6%。

富人喜欢读书，88%的富人表示喜欢读书，穷人中只有2%的人会这样做。

富人不寄望一夜暴富，穷人则渴望一步登天。77%的穷人说会常买彩票，富人常买彩票的人数比例仅为6%。富人将致富的希望寄托在事业上的成功，大多不寄望靠运气发财。穷人缺的是钱，更多希望有好运降临，而中彩票获得大财则成为其寄托的方式之一。

从当下“90后”人均负债12万谈起

据最近的统计数字显示，中国“90后”的总人口为1.715亿人，人均负债约12.79万元，负债总额接近22万亿元。

另据汇丰银行针对9个国家的调查显示，中国“千禧一代”的住房自有率高达70%，在9个国家当中排名第一。

也就是说，中国“90后”的负债绝大多数是房贷。说到房屋贷款，不禁想起最近看到的一组房价收入比（一个城市的平均房价和平均年家庭收入比）的数据。其中，中国一线城市房价收入比如下：

深圳：房价收入比33.5倍；

北京：房价收入比33.2倍；

上海：房价收入比31.9倍；

香港：房价收入比20.9倍。

在二线城市中的南京、杭州和青岛等，房价收入比也分别达到8.3倍、15.7倍和13.2倍。

这样的房价收入比，相比国际通用的房价收入比惯例，实在是相差得太远了。

在国际上，房价收入比的可负担层级如下：

可负担：3倍以下的房价收入比；

中度不可负担：3.1～4倍的房价收入比；

严重不可负担：4.1～5倍的房价收入比；

极度不可负担：超过5.1倍的房价收入比。

举例来说。目前，加拿大温哥华的房价收入比为12.6倍，而我目前定居的多伦多房价收入比是8.3倍。有鉴于此，加拿大房市被国际金融机构——瑞信银行多次评为全球房价泡沫最大之地（中国房市不在评估之列）。

相比美国各大城市，房价收入比最高的城市是加州的圣克鲁斯（Santa Cruz）为9.6倍。其实，众所周知的高房价城市纽约，房价收入比却只有5.5倍。实际上，美国很多城市的房价收入比都在“可负担”的3倍以下，如匹兹堡（Pittsburgh）的房价收入比为2.6倍，纽约州的罗彻斯特（Rochester）的房价收入比为2.6倍，而我最初留学的克利夫兰（Cleveland）的房价收入比为2.8倍……

再回到中国“90后”人均负债12万元，除了房贷以外，他们的其他各种日常消费实际也都靠借贷，如旅游、买车、买手机等。

借贷消费模式是从美国引进中国的，但千万别以为金融机构是在帮我们提前圆梦，有时候债台高筑的后果往往反倒害了我们。

正可谓“天有不测风云，人有旦夕祸福”，用“明天的钱”不靠谱，因为明天的钱不一定存在。当你借用明天的钱，买下了明天甚至后天价格的房子，一旦经济出现状况，那明天的钱就只能圆明天的“噩梦”。例如，在美国2008年的次贷危机中，就已经有1200多万百姓做出了“榜样”（因房子被法院拍卖，最后被金融机构赶出家园），而且还将继续涌现更多这样的噩梦。

最后，顺便提一下，鉴于加拿大的超高房价，当地政府实施了开征空置税、海外买家税、调升房贷利率等多项楼市调控措施，温哥华、多伦多等的房价已开始下跌了……

游戏背后的意义

2015年底，身在皇家银行伦敦分行的苏格兰人麦克接到调令，前来加拿大多伦多总部风险管理部就职COO。一般来说，新的主管上任总想创造一个新气象，为自己树立新人新政的形象，即中国人通常形容的“新官上任三把火”。

由于2015年底美国和欧洲的银行相继裁员十万人，这种时候突然“空降”COO，身为金融从业人员的我们当然会忐忑不安，担忧麦克点燃的第一把火会烧到自己身上而不幸丢了工作。

麦克上任后不久，一天早上大家来到公司屁股还没坐热，就收到他给属下全体员工的电邮，通知我们去公司礼堂开个town hall meeting（职工大会）。

接到麦克的通知后，同事们心里打着鼓，纷纷放下手上的活儿，不一会儿便聚集到了大礼堂。大家不觉大吃一惊，只见礼堂的布置不同于往日：一张张圆桌面替代了一排排椅子，每一张桌子上都摆了几包意大利通心粉、一袋小marshmallow（棉花糖）、一卷胶带、一张纸，以及一颗大棉花糖。

这究竟是什么情况呢？同事们都面面相觑，不知所措。这时，麦克拿着麦克风站在了讲坛上，用一口纯正的苏格兰英语幽默风趣地嘱咐大家按照所属科室分成六人一组坐下，玩一个游戏——“意大利面塔”。

难道今天的会议就是玩游戏吗？

俗话说，“既来之，则安之”。于是，我立刻和五个同事组成一组开始准备玩游戏。按照游戏的目标和规则，每一个小组需要构建一个“铁塔”，其顶部必须足以支撑一颗大棉花糖。在制作过程中，意大利面条、小棉花糖和胶带可以被随意地打破或撕裂，但是唯有大棉花糖不能修改，其重量的测试相当重要，如果塔底不扎实，当棉花糖放到塔顶的时候整个塔身就会即刻坍塌。

当然，大棉花糖也可以放在结构任何地方，设计蓝图如何搭建“铁塔”只允许用5分钟的时间，整个比赛用时只有15分钟。在规定的时间内，哪个小组搭建的自立式“铁塔”最高最稳，就算是赢得比赛了。

说实在的，游戏谁不会玩啊，何况我们组里有两个博士、一个双硕士、三个硕士，而我大学本科专业是机械设计，恰好跟搭建“铁塔”能扯上点关系，便主动挑起了设计的重任。我模仿法国巴黎埃菲尔铁塔的构造，试图设计出简便、结构合理的“铁塔”造型。然而，因为我脱离机械专业太久，在其他组员的热切期盼下，竟花费7分钟才完成任务。

就在我忙碌设计的时候，其他几个组员一边说笑一边胡乱摆弄，已经在摸索着搭建“铁塔”了，但结果没有成功。等我拿出设计图加入他们之中，人多嘴杂，七嘴八舌，反而给完成任务增加了难度。最后，我们的“铁塔”因为撑不起大棉花糖而坍塌了。

然而略感欣慰的是，绝大多数小组都没有成功搭建起“铁塔”，赢得这次比赛的小组反倒是几个来公司实习的大学二年级学生，令人颇感吃惊。

不过，麦克看了这个结果却毫不惊奇。他告诉大家，就这个游戏来说，一般要花费18分钟；而就成功的平均值而言，孩子们通常都搭不出来，高中和大学生的成功率最高，不过他们的设计往往不够好，工程类大学生搭建得最完美，博士生往往在设计上（在纸上）最完整，但在有限的时间内都无法成功完成“铁塔”的搭建。

由此可见，在这个游戏背后所隐藏的深意：

一是在任何一个团体中，团队的合作精神相当重要；

二是学位越高、岁数越大的人思考问题的时候似乎想法也越复杂，然而玩游戏要讲究时间效率，即使设计得再好，但如果实现不了也是枉然。

由此看来，麦克是想通过这个游戏告诉我们：我们是投行，除了和其他行业一样需要团队精神以外，面对千变万化的金融市场要是没有一定的专业知识是肯定不行的，而如果在做决策之前把问题的方方面面全都考虑到，那等到开始实施的时候黄花菜都凉了，所以怎样把握一个最佳的平衡点才是赢得比赛胜利的关键。

总之，这不是一般的游戏，散会之后大家都还在思考着……

第六章

从科幻世界般的高科技看北美

众所周知，北美的科技基本代表着世界的科技水平。在北美，我们可以感觉到世界科技的日新月异：智能机器人开始崛起，无人驾驶汽车在北美最先提出，3D打印房子和车子都是先从北美开始的……北美的科幻电影代表着未来，而科技的发展也验证着之前北美科幻电影中的情节。

智能机器人的崛起

2015年5月的一天早上，我像往常那样一到办公室便打开电脑查看邮件。其中，一封邮件是同事波藏娜写来的，她讲述的内容颇为令人振奋：

“我儿子参与的‘第1325机器人小组’，在圣路易斯密苏里州举行的世界第一机器人锦标赛（the FIRST World Robotics Championship in St Louis Missouri）中击败其他80个对手，一举夺得金牌，顺利晋级到最后的‘爱因斯坦主场’，以第8名的成绩与世界其他分区冠军进行对决。这是一个巨大成功，因为每年共有3000个团队参与竞赛。”

当然，这也难怪波藏娜这样兴奋，因为他儿子今年只有17岁，目前就读加拿大安大略省戈登格雷顿纪念中学（Gordon Graydon Memorial Secondary School）。戈登格雷顿中学最著名的教学项目是国际商业和技术规划（the International Business and Technology Program）两大科系，旨在培养学生的创业精神和领导能力，“通过努力获得成功”是这所学校的口号。

然而，制作机器人需要巨大的资金做后盾，戈登格雷顿中学获得了我所在的加拿大皇家银行，以及通用汽车公司、加拿大计算机科学等公司的赞助资金。当然，赞助的公司都非常清楚这些赞助并不一定能立刻获得资金回报，但其广告效益是巨大的，并且还能将不可多得的人才挖掘到自己的公司旗下。

现在，机器人大多已人工智能，是一项涵盖机器人设计、建造、运作，以及应用的跨领域科技，经常与电脑系统的控制、感测回授和资讯处理一起使用，催生出能够取代人力的自动化机器，如家庭用机器人、工业机器人或军用机器人。同时，机器人可以从事对人类来说非常危险的工作，如拆除炸弹、地雷、探索沉船等。

当下，机器人学成为一个快速成长的领域，机器人天生只为“智能”的程序来使用移动，而人工智能（AI）可以被用来创建“聪明”的机器人。随着机器智能社会的到来，全球的整个商业模式和产业结构，以及人们的生活和工作方式都将随之而改变。所以，风险投资公司嗅觉灵敏，他们将巨额资金投入其中，渴望的当然就是高回报了。例如，科斯拉风险投资公司（Khosla Ventures），包括被英国誉为2015年最富有的美国商人、慈善家贝莱范尼克（Len Blatvanik）领导的埃克塞斯工业（Access Industries），都把赌注下在“智能机器人”初创公司。

总体而言，据彭博新闻社汇编的数据显示，硅谷2010年仅有2家“智能”初创公司被风投公司资助，资金投入只有1490万美元；而2014年已上升至16家公司，资金投入高达3.092亿美元，其中资金涨幅超过了20倍。

华尔街的钱是最敏感的，显然智能机器人已是华尔街一大投资方向，是能够带来巨大回报的。

所以，希望中国的年青一代也能像我同事的儿子那样，随着工业4.0的到来，将聪明才智投入到开发智能机器人上。

科技新宠Soli（“索利”）计划

您是否想过：戴上一款智能手表，想要调时间，只需搓一下手指；想查看地图，仅捏一捏空气便可；想要选音乐调高音量，根本不需要实体键就可实现；想用耳机听歌，可以隔空快退慢进；而想用平板来画画，已经不用点击屏幕了？

过去，在触控智能手机风靡世界之前，我们都是通过按键来进行操作。现在，手机可直接触摸屏幕，借此获得指令并直接反馈出来，并通过语音也可以操作。

2015年5月，在旧金山的年度I/O开发大会上，谷歌展示了轰动科技界的“索利”项目（Soli project），实现了本来只在科幻片里才能看见的技能——隔空操作。

谷歌这起引起轰动的“索利”项目并不是人们想象中的概念，而是可以商用的高端技术。由于“索利”本身就是个崭新的技术，假如再与谷歌的其他高科技项目相结合，那么趣味性的应用可能就更广泛了。

“索利”创始人皮普锐（Ivan Poupyrev）解释说：“我们拥有最灵巧的双手，能够直接与世界接触，如果把手势技术引入科技硬件，可能会再次改变这个世界。”殊不知，转盘手势、刻度手势、按钮手势和位移手势等都是为了让手指的动作指令能被设备所感知，但这不是一件容易的事情，所以他们想到了雷达系统。

从某种程度上说，这与蝙蝠的声呐系统抑或探测战斗机的军用雷达没有太大差别，系采用隐形雷达代替摄像机（意味着可被嵌入各种物体当中），用60千兆赫兹（GHz）的雷达频谱以高达每秒10 000帧的速度从芯片中发出识别手指的动作，并使用宽波束来识别动作、速度和距离。为了攻克这一难关，皮普锐带领他的团队仅用10个月时间便使雷达能缩小降至毫米。同时，此微型雷达能够嵌入只有1/4硬币大的芯片中，能够捕捉到5毫米波长的手指动作，这些动作会立刻转换成模仿触摸屏幕上的命令，并借此来操作设备。最后，解决了佩戴式终端（UI）小屏幕，解决了用户界面不佳的问题，就能动用手指来操作智能手表了。

至于那块雷达嵌入式芯片，由德国制造商英飞凌（Infineon）开发制造，现已投入批量生产，使用方法简单到令人难以置信：没有摄像头跟踪，小到可以嵌入穿着打扮的衣服上，或放在家具、汽车、玩具、手表和电脑中成为它们的一部分，并已晋级到下一代的无线通信——无线千兆联盟（wireless gigabit alliance，缩写为Wi-Gig），即将取代目前的Wi-Fi。

此外，“索利”技术还可以帮助人们在虚拟实境（virtual reality）世界和游戏中的对象进行互动。因为用户的视觉领域是有限的，而“索利”隔空操作的优势对于虚拟实境来说是最完美的，可以取代具体设备装置，使用起来更直观、更逼真。

目前，一大群开发者聚集在美国加利福尼亚，搓着手指和拇指调试收音机音量，但这只仅仅是展示“索利”系统的能力，而这距离好莱坞科幻电影《少数派报告》的场景——通过人物在一米以外的半空中操纵虚拟对象，还是有一定距离的。现在，“索利”最欠缺的技术难题，是捕捉足够的手部动作细节。

但是，谷歌使用雷达嵌入式芯片的技术在人类历史上还是第一次，为达到像电影《少数派报告》那样的技术水准已经迈开了重大的一步。今年晚些时候，“索利”的开放源代码技术将被移交给开发商做进一步的产品应用开发，就好似在开放的安卓平台上出现了无数的APP一般，相信用不了多久新的应用将会在“索利”的基础上百花盛开、争奇斗艳的。这绝对是令人兴奋之举！

无人驾驶汽车来临

在2003年之前，当我们观看好莱坞科幻大片《少数派报告》时，智能机器人功能的无人驾驶汽车，在荧幕上看起来似乎有些异想天开。但10年后的今天，全球汽车公司展开了无人驾驶汽车的技术竞争，并取得了具有非凡意义的进展。

汽车制造商尼桑（Nissan）的第一款自驾车已经研发成功，宣称2020年此款汽车将大批面世，并预测2025年将向市场推出约25万辆自驾车，以适应市场的需求。就地区而言，北美的销售额最高约29%，中国的销售额约24%，而西欧的销售额约20%，位居中美之间。

谷歌的“无人驾驶车”在技术上已经很成熟，但这家搜索引擎巨人苦恼于无法找到有效方法将这些车辆引进主流市场。不过，谷歌正在考虑利用这些“无人驾驶车”开启“自动计程车”服务。这些“无人驾驶车”辆可在不需要人类介入的情况下自动载客与下客，并能与行动应用程式搭配使用。

2012年3月28日，谷歌通过YouTube（美国一家视频网站）发布视频：加州居民史蒂夫·马汉坐进自驾车，从自己家里出发先去餐厅买了一份快餐，然后到干洗店拿回衣服，最后原程回家。不过，马汉的双眼近乎失明，他完全依靠电脑编程的驱动程序，顺利通过了无意外测试。

目前，谷歌投注2.58亿美元在Uber（优步）公司的“自动计程车”程序上，而这是一款推行了3年的计程车应用程式，其市值约为35亿美元。现在，Uber能提供给客户高端服务，在几分钟内预约高级计程车，所以这项服务非常受欢迎，虽然计程车工会和地方政府曾试图限制这项服务的成长，但依然出现了Lyft、Hailo和Sidecar这些竞争者（类似美团出行、曹操出行等租车应用）。

目前，谷歌的“无人驾驶车”使用丰田普锐斯，而这款油电混合掀背车在美国一辆需要25 000美元。谷歌在车上加装感应器、镜头及电脑，包括价值7万美元的激光雷达系统，车顶部安装了一个Velodyne 64束激光测距仪，使其周围生成详细的三维地图，并将地图与高分辨率的世界地图相连接，从而产生不同类型的数据模型，然后车子便能自行驾驶。现在，谷歌改装后的“无人驾驶车”价格尚未正式公布，预计这些必要的技术将使全车的成本增加10万美元。

现在，尚不清楚谷歌是否自己经营车队，或把技术外包其他公司。不过，谷歌与德国汽车零件供应商——大陆集团（Continental）即将达成协议，这意味着谷歌向自行生产汽车迈进了一步，但是尼桑、丰田及奔驰等竞争对手都极不愿意谷歌踏足这个市场。

虽然“无人驾驶车”是在谷歌“最先进”的实验室里研制，但如果谷歌决定筹措资金自行制造，可能会承担很大的风险。除了必须找到盈利的营运模式外，还将面临美国和世界各地的法律限制：目前“无人驾驶车”仅在美国四个州获准上路（内华达、佛罗里达、加利福尼亚和得克萨斯州）；英国立法机构只允许“无人驾驶车”上路测试。由此可见，“无人驾驶车”今后所面临的巨大的法律障碍是显而易见的。

其实，“无人驾驶车”的事故发生率是接近于零的。自2012年8月起，谷歌已完成超过了500万公里的无人驾驶测试，仅发生两起意外：一次是红灯时停车被后方车辆追撞，另一次则是人类驾驶员接手驾驶时发生的。

另外，“无人驾驶车”的交通拥堵和空气污染会因更有效的驾驶编程模式而下降。实际上，从技术层面上看，“无人驾驶车”只需要克服两个主要的技术风险：软件的可靠性和网络安全的潜在障碍。所以，预计到2035年，每年将有1180万辆“无人驾驶车”推向市场；到了2050年，高速路上应该被“无人驾驶车”或“自驾商用车”所占领。届时，电影《少数派报告》的景象将呈现在高速路上，人们可以坐在车里看书、聊天、打电话、处理公务等。如此，科技的发展和进步使得视力不佳、腿脚不便和不善驾驶的人们也可以实现开车的梦想，从而为社会创造财富。

自行车也能飞吗

好莱坞美国环球影业1982年推出的科幻大片《外星人E.T.》给我们描绘了一幅生动的画面：E.T.骑着小轮车犹如孩童玩耍般渐渐地从街上跃过房顶“走”上天空，往月亮“蹬”去。这一景象如梦如幻，令人印象深刻，使千千万万的孩子陶醉其中不能自已。

这些孩子中包括了两个英国人——现年37岁的约翰·福登（John

Fordon）和42岁的亚尼克·里德（Yannick Read），因童年时强烈向往那辆奇幻的小轮车，梦想着也能骑车飞向“月球”，于是两人共同发明了一辆名为Paravelo的“飞行自行车”，使幻想变成了现实。

这是世界上在科幻电影里出现的第一辆全功能“飞行自行车”，利用折叠式自行车连接一个轻量级的“空气框架拖车”组合而成。拖车里装有一个巨大的风扇、燃料发动机和灵活折叠式机翼（不充燃料），遂构成一部人力驱动直升机。“空气框架拖车”的主要特点是能在空气中改进其性能，允许在多变的风力条件下往高处飞行。

就整体而言，无论是机身还是折叠式自行车，都由航空级别的铝材料制成，可随身携带上下小轿车、公共汽车、火车和地铁，非常适合作为上下班的交通工具，而且“飞上天空”即可避开拥堵的交通路段，到达目的地之后折叠起来可放在狭小的办公空间，使恼人的停车罚款成为过去时。

不过，“飞行自行车”需要一个开阔地作为跑道才能畅通无阻地“起飞”。这时生物燃料启动电动机，通过风扇使“飞行自行车”离开地面，一旦起飞，便可在空中以每小时25英里的速度飞行长达3小时，控制方向类似传统的风机动力滑翔伞，而飞行高度可达4000英尺。假如需要夜间飞行，有一个额外可供选择的夜间频闪把手（包含氙气闪光灯）使“飞行自行车”在2英里以外就能被人识别。

如果仅仅作为上下班的交通工具，只需卸下拴住“飞行自行车”的“空气框架拖车”，使其形成“三轮车”状，并把强力风扇直接绑在背部，即可以每小时15英里的速度前行。如果万一中途改变主意或遭遇特殊情况，只需把拖车和自行车固定在一起，立刻就又能从地面“蹬”上天空。

如果你渴望冒险，但是又没有足够的空间和银行存款供养一架直升机，那么“飞行自行车”就是你最好的选择——其成本等同于一辆小型家庭用车，约为1万英镑（约10万元人民币）。目前，“飞行自行车”在许多国家包括美国和英国无须领取牌照即可驾驶（但美国动力滑翔伞协会极力推荐最好通过适当的培训再驾驶）。

或许在不久的将来，汽车将让位于“飞行自行车”，彻底改变人们的出行方式，使居住在郊外的人们只需几分钟便可到达工作单位。因此，“飞行自行车”的研究和开发，获得了慈善机构“环境运输协会”（Environmental Transport Association）的支持。因为这几十年来汽车占据了交通工具的霸主地位，但是汽车在给人类带来便利的同时释放的废气严重污染和破坏了环境。例如，科学研究证实，汽车尾气是产生严重雾霾的主因之一，而级级升高的雾霾预警使环境日益恶化，势必影响旅游业、运输业和农业等产业的发展，以及人体本身的健康。与此同时，汽车耗费的不可再生的大量石油资源，也制约了世界经济健康可持续的发展。

为了普及和推广“飞行自行车”，使其走向主流成为大众喜爱的交通工具，发明者福登和里德在“环境运输协会”的帮助下，正进一步朝着这一目标而努力，一旦普及将会带来人类生活模式的革命性变化。

6小时环游世界的“超循环飞速列车”

假如有一天环游世界只需6小时，从北京到纽约就像上海到南京仅仅只要2小时，那么即便每天往返两地上下班也不是不能办到的事。或许你会认为这是天方夜谭、痴人说梦，但这一梦想在不久的将来完全有可能成为现实。

目前，有一种由太阳能供电的高速运输工具“超循环飞速列车”（Hyperloop），从原本的秘密研发到了公开向世人展示其创意和设计的阶段，目的是使乘客在2小时内能从北京到纽约。这一创意是42岁的美国发明家、企业家、号称“硅谷钢铁侠”的伊隆·马斯克（Elon Musk）提出的，他形容“超循环飞速列车”是“协和号飞机、磁轨炮和一个空气曲棍球台之间的”交叉结合，将成为汽车、飞机、火车和轮船之外的第五大交通支柱。“超循环飞速列车”的优势在于：其可自行利用太阳能发电，在系统中装上太阳能电板后获取的能量将超过消耗所需，并设有储存能量的设施，能够一天24小时、一周7天连续行驶；其速度是典型喷气机的2倍，是“子弹头列车”的三四倍，而且完全不受气候影响（如发生航班延误、取消等情况）；其永远也不会发生空难事故。因为科技“狂人”马斯克在设计“超循环飞速列车”时将动力供应采用了磁悬浮技术，几乎在处于无摩擦的管道中（直径约2米）以某种弹射装置发射列车，使其无间断地驶往目的地，管道沿线处每隔一定距离均设有安全舱，当车辆发生故障停止运行或密封舱失压时，乘客可从安全舱逃生。

马斯克之所以会突发奇想设计他的“超循环飞速列车”（“超级高铁”），是因为他认为目前加利福尼亚州设计的“子弹头列车”（Bullet Train）不仅耗资要高达60亿美元，而且是世界上最慢又最贵的一条高铁。但马斯克设计的SF–LA“超循环飞速列车”，既便宜又方便，成本控制在6亿美元，只有“子弹头列车”的1/10，而乘客购票的花费将远远低于汽车、飞机、火车和轮船的票价。

在马斯克“超循环飞速列车”的创意影响下，美国科罗拉多州一家名为“ET3”的公司，正在建造一条3英里长、时速高达4000英里的“真空管道运输”系统。

这种真空管道交通工具就像一颗“胶囊”，每一颗“胶囊”重达183千克，长4.87米，能容纳4～6名乘客，还有存放行李的货箱。“胶囊”被放置于管道中像炮弹一样被发射至目的地，而连接“胶囊”的两个目的地管道，就像高速铁路那样搭建在地上，凡是有道路的地方即可设置两根管道，或许真空管道还能“附着”在已经建成的高速桥上从而节省基础设施的搭建成本。目前，这个创意已经吸引到了风险投资的加入。

其实，早在1997年机械工程师达里尔·奥斯特就已经获得“真空管道运输”的技术专利：利用直线电机将运载舱体加速至一定的速度，由于无摩擦、无空气，舱体能够依靠惯性在真空管道中运行，并且无须任何额外的能量；在乘客即将到站需要减速时，舱体的现有动能又可通过直线电机进行能量回收和再利用，大大降低了运输成本。

再回到马斯克的“超循环飞速列车”创意，其为“真空管道运输”系统项目提供了更多的设计细节。

现在，我们可以大胆展望未来的10年或20年，“真空管道运输”很可能成为大众交通工具。这些富有创意的真正意义，在于督促美国政府推动地方、州、联邦及国际社会，迅速发展更便宜、更环保的运输系统。同时，“真空管道运输”将给人类赢得最宝贵的东西——时间，而时间就是财富且更胜过财富。可以想象，或许“真空管道运输”将会改变人类的生存状态呢。

打印汽车、房子将不再是梦

2011年春天，美国弗吉尼亚大学工程专业的两名三年级大学生，在YouTube的视频上展示了他们用3D打印机制作的塑料涡扇发动飞机模型。他们的应用科学新技术，一下子抓住了国防承包商MITRE公司的眼球。

总部设在弗吉尼亚州麦克林的MITRE公司，一直在通过公司的网页视频寻觅工程与应用科学的暑期实习生，并欲招揽顶尖人才到MITRE公司去秘密进行3D打印项目——无人驾驶飞机的研发。于是，视频中的学生之一伊斯特（Steven Easter）响应了挑战，他带着实验室的合作伙伴特蒙（Jonathan Turman）来到了MITRE公司。

这是一项异常艰巨的任务，同时暑期实习时间紧迫，所以他们必须赶在开学前完成。伊斯特和特蒙在教授希瑞夫的指导下，平均每星期工作80小时，最终用实验室的7台打印机设计、制造了一架机翼为6.5英尺，航速为45英里/小时，外观橘蓝相间的无人驾驶飞机，并在弥尔顿机场附近试飞成功。

此前，制造如此规模的无人驾驶飞机成本约25万美元，需用2年时间。但伊斯特和特蒙仅花费了2000美元，并在极短的4个月里就制造了速度比原先更快的无人驾驶飞机。所以，教授希瑞夫无比兴奋地称赞道："这两个大学生创造了革命性的产品！"

这架无人驾驶飞机是目前第三架已知的使用"3D Printing"（3D打印）技术制造并试飞成功的飞机，而第四次试飞更令MITRE公司的成员和军队官员印象深刻。因此，在暑期实习结束后，伊斯特和特蒙的努力与天赋使MITRE公司不舍让他们离去，遂请求他们边读书边留在公司继续实习。

最近，伊斯特和特蒙又制作了一个无人驾驶飞机模型，比原先的更轻、更快、更容易组装，而这也是他们四年级论文的一部分。可以肯定的是，他们的成绩绝不会令人失望。

如果说蒸汽机动力技术让人们从手工制造转向机器制造，被称作"第一次工业革命"，而电力的大规模应用让制造业由单一转向大规模制造，被称为"第二次工业革命"，那么3D打印技术"比互联网还强大"，可能将会带来"第三次工业革命"。

澳大利亚作家、未来学家、企业家罗斯·道森（Ross Dawson）认为，现在是各国领导人对3D打印技术进行评估的时候了，因为随着3D打印技术的进一步发展，将使得商业完全去中心化，将来就不再需要工厂了，零售及制造等行业肯定会受到冲击。

回想一下，在20多年前得花费数10万美元买一台3D打印机，但现在简单型号的3D打印机一台只需要几千美元，而且在美国已培育了成千上万的3D打印技术爱好者和研究人员，他们自我设计、自己动手制造出各种商品。目前，单单3D打印机的销售市场就高达17亿美元，这还不算所创造出来的商品的价值。

例如，《007》的影迷就特别喜欢詹姆斯·邦德的间谍工具，尤其羡慕他的阿斯顿马丁DB5（Aston Martin DB5）座驾，它配备了防弹玻璃、弹射座椅、浮油按钮等。在电影里，当肖恩·康纳利（Sean Connery）扮演的詹姆斯·邦德开着它奔驰在高速路上时，不知羡煞了多少银幕前爱车的观众。然而，为了电影剧情的需要，一声爆炸，价值几十万美元的豪华座驾立刻毁了。如果好莱坞又想拍一部新戏，急需再现阿斯顿马丁DB5的风华，怎么办？现在，用3D打印机就可以完全快速实现，以较低的成本在短时间内就可以打印出质量更高的阿斯顿马丁DB5，并重现在大荧幕上。

不仅如此，3D打印技术还能打印出人体骨骼替代品，如鼻假体。常规的鼻假体制作要用石膏获取准确的模具，并需要直接进入暴露的鼻腔不断按压，这样不但会令病人非常不舒服，而且制作出来的鼻假体只能持续数个月，所以病人必须定期重复这样的过程。然而，有了3D打印技术情形就完全不同了。

另外，比约克的服装设计师伊里斯·凡·赫本（Iris Van Herpen）在今年的巴黎时装周上就展示了两件3D打印的服装。不过，如果要把模特一起打印回家做“女朋友”，那则尚需时日耐心等待。

3D打印机是怎么操作的

上文初步介绍了“3D打印”技术，谈到了3D打印技术还能打印出人体骨骼替代品如假体，那3D打印机是怎么做到的呢？

首先，使用3D相机对准脸庞180°照一组照片，根本就不用触碰病人的脸，鼻子的模具尺寸便全部记录了下来；然后，一个以硅胶为原材料的轻薄、灵活、逼真的鼻假体就用3D打印机制作出来，并准确镶嵌到病人的脸上。同时，所有的信息全由数码记存，随用随取，以后就再也不必麻烦病人了。

由此可见，在商业用途上，3D打印机的运用会越来越广泛。目前，航空航天的承包商已经利用3D打印技术来制造飞机零部件甚至无人驾驶飞机，其优势特点就在于金属废料少，成本极低。奔驰、本田、微软和波音公司也都运用这种更轻、更适宜复杂设计的3D打印技术优势来制作产品原型（prototypes），因为它极大地缩短了产品的研制周期，大大提高了生产率，降低了生产成本。可以想见，随着3D打印技术的进一步发展，一些行业将会受到很大的影响。

除了上述所举的航天航空、医疗设备、汽车制造等行业外，通过3D打印技术有可能改变的另一个领域就是零售行业。当涉及塑料、金属、陶瓷、砂、尼龙等材料的产品时，零售商的库存管理将受到极大的挑战。因为小批量销售的商品只需打印出来便可满足市场需求，不需要先从工厂购进产品，然后寻找储存仓库再慢慢销出去，而这就节省了运输费和仓储费，产品成本也将会随之下降。

目前，3D打印技术可以使用的基本材料有14种，在此基础上两种材料混搭能产生107种材料，价格从最便宜的每千克几百元到最昂贵的约每千克4万元。因此，3D打印技术更容易控制成本，需要多少就买多少，完全可按照市场的需求进货。

就在3D打印技术主要用于金属和塑料时，2013年美国一个名为“现代牧场”的机构宣布，他们已开始启动研究打印可食肉的项目。

据说，Facebook的投资者彼得·泰尔（Peter Thiel）投资了35万美元。泰尔声称通过层叠特定结构的细胞混合物，可以复制出肉的质地和化学性质。目前，“现代牧场”已经打印出一块2厘米的可食肉，距离目标为时不远。

目前，艺术家、珠宝设计师已经使用便宜的一次性塑料为对象，充分发挥他们的艺术想象力，创作打印了层出不穷的艺术作品。早在18世纪末19世纪初，远洋水手闲暇无聊的时候，便一直琢磨着如何让一艘工艺品船舶通过狭窄的瓶颈装进瓶子的中央。在当时，或许会认为这似乎是不可能的任务，但3D打印技术的出现使这一切都变得可能了。因为，在30微米层的分辨率之下，船舶的甲板、桅杆、栏杆、旗杆和乌鸦的巢，这些难以置信的细节被玻璃瓶一一包裹起来，已经谜一般地展现在了大家面前，简直妙不可言。

然而犹如许多新技术那样，3D打印技术有可能从根本上削弱许多商业模式。例如，在过去的10年里，互联网的普及与使用使得知识产权越来越难以维护，给娱乐产业带来数十亿美元的损失，有些电影、音乐和越来越多的书籍等甚至在正式向市场发行之前就已经可以免费在线观看、收听或下载了。

但随着时间的推移，任何人都可以使用3D打印技术。想象一下，随着以“3D打印”为代表的制造智能化的成熟，这一技术将为每个人都带来财富。当每一个家庭都拥有一台3D打印机如RepRap打印机，只要把所需的消费品下载、扫描（download scanned），然后打印出来，并自行组装后即可使用。也许不久以后，打印自己设计的衣服、鞋子乃至家电、家具，甚至汽车、房子都将不再是梦。

那么，随意下载、扫描他人的作品不触犯法律吗？

幸运的是，RepRap是一种“开放密码复制3D打印机”（an open-source self-replicating）。发明此项目的英国学者、工程师鲍耶（Adrian Bowyer）博士在接受美国广播公司（ABC）采访时说：“我发明了一台能够自我复制的机器，却尝试着防止被人使用，那么基本上我要把一辈子都用在法庭上了。我还有更重要的事要做，所以我把密码公开了。”对此，英国《卫报》评论说：“RepRap的发明将拯救环境，并被称为将成为全球资本主义的掘墓人。”

随着以“3D打印”为代表的制造智能化的日趋成熟，也许在我们可见的未来将实现共产主义的美好理想。

科幻文学影视漫谈

美国保持着全世界最先进的科技水平，而这些先进的科技水平研究出来的科技产品，往往来源于美国人的科幻思想。美国人的科幻思想，一般体现在美国科幻文学和科幻电影的构思上。

在美国科幻文学领域，有著名的“雨果奖”。“雨果奖”创立于1953年，其名称来源于雨果·根斯巴克（Hugo Gernsback）。雨果是美国发明家、作家、编辑和杂志出版商，有美国“科幻之父”的美誉。他在1926年创立了美国最早的科幻杂志《惊奇故事》（*Amazing Stories*），正式将科幻小说带入了美国公众的视野。在科幻界，“雨果奖”和“星云奖”是被公认的最具权威与影响力的两大奖项。

事实上，一些科幻小说的号召力与其他类型的文学有一个共同的特性，即揭示人类过往的或当下的生存状况，而科幻小说还更进一步探索着人类的未来。科幻小说的魅力，在于描写了人类在不能或者从没有遭遇过的未知境遇下，检验我们对新事物的认知，揭示在极端条件下人的内在潜能和本质。

当人们沉醉于阅读科幻小说，是因为他们对未来世界充满了敬畏和好奇，尤其当科学幻想被搬上银幕，那种震撼力就更强烈了。例如，金·罗登贝瑞（Gene Roddenberry）在20世纪60年代把多年来热爱科学的幻想转变成《星际迷航》（*Star Trek*）的故事构想，并将之付诸银幕。

罗登贝瑞最初的灵感是来自范·沃格特的“猎犬号”（《猎犬号宇宙飞船》）、埃里克·拉塞尔的“马拉松号”（《地球人、火星人和机器》），以及1956年的太空历险电影《禁忌星球》，后来形成了《星际迷航》所包含的很多元素：组织、船员关系、任务、舰桥的设计和一些对未来科技的设想。

令人不可思议的是，在后来的几十年里（1964—2005年），以这个灵感为基础，单单电视剧起码拍摄了726集，电影共有12部，衍生产品包括了邮票、航天飞机（NASA）、动画、喜剧、情景剧、主题建筑（《星际迷航》展馆）、游戏、小说等，其文化也影响了全世界。

由于《星际迷航》大受欢迎，其中的一些观念和语言甚至也慢慢地融入了美国的大众文化中，而且还被视为是一种流行文化。例如，“史考提，把我传送上去！”（Beam me up, Scotty!）、“吉姆，他已经死了！”（He’s dead, Jim!），以及“反抗无用！”（Resistance is futile!）等，已经被美国文化广泛地接受、熟悉和理解。

许多人认为他们的人生因为《星际迷航》而改变。例如，《人鬼情未了》的“通灵”扮演者、著名演员伍皮·戈德堡（Whoopi Goldberg），她就是受《原初系列》中的黑人女性角色乌乎拉的影响而立志成为一名演员。另外，也有不少宇航员坦承，他们是受《星际迷航》影响而选择探索星空的职业。

更值得一提的是，《星际迷航》中的那些科技设想，竟然在几十年后的今天得以实现了，如我们每天习惯使用并已离不开的手机就在早期的《星际迷航》中已经出现。当然，今天的智能手机功能与时尚款式，已远超当年我们在银幕上看见的样子。然而，《星际迷航》中手机的标志性反转装置，现在的粉丝们依然想拥有。

在北美，喜欢科幻电影的人很多，所以科幻电影也成了人们茶余饭后的一种重要的精神食粮。我和太太小玲在北美生活多年，也深爱北美科幻电影。为此，我们一起创作了一个全新的科幻故事，并得到了影视界的高度认可。也许，这个全新的科幻故事未来可能会搬上银幕，成为科幻电影的又一精神盛宴呢。

第七章

北美吃喝玩乐购

在北美定居或旅行，生活或学习，都不可能绕开交友聚会、吃喝玩乐、购物游玩。那么，北美有哪些新潮有趣的聚餐会？北美的酒吧、餐馆、咖啡馆有什么特点？有哪些值得一去再去的公园？那里又有什么令人赞叹之处呢？

北美流行的potluck聚餐会

我在纽约华尔街BRUT ECN公司上班的时候，每到夏季的第三个星期五，公司就会举办名为potluck（百味餐，参加者带食物分享）的聚餐会，要求每个人从家里带一样食物到公司，热菜、沙拉、点心、饮料都可以，但每一道菜的量要大到足以使预期的来客都能分享到。

potluck这个英文单词最早出现于16世纪的英格兰，是英国剧作家、诗人、讽刺作家托马斯·纳什（Thomas Nashe）发明的，意思是“提供食物给意想不到或未邀请的来客，是幸运（luck）的餐盘（pot）”。到了19世纪末20世纪初，聚餐时让客人自带食物的potluck开始在美国西部流行了起来。因为这样的聚餐形式大大降低了宴请客人上门做客的成本，甚至婚宴也可采用这种形式。

一般来说，喜欢享受美食的人，自己都会动手做几个拿手菜。不过，这条“一般”定律对我却不适用，因为我只管吃而不会做。因此，公司举行potluck时，我就只有请太太小玲出手了。

小玲最拿手的菜是香酥鸭。她说这道菜做起来简单，特别适合聚餐，无论冷的、热的都好吃。果然，每次聚餐时，当我把两盆香酥鸭放在餐桌上，一圈转回来自己也想尝尝的时候却早已没有了。同时，同事们纷纷询问味道这么好的菜是谁带来的，于是我马上举手，然后向我索要菜谱的声音便此起彼伏。

每当这时我就犯难了（这种情形已出现过好多次），无论是小玲还是我外婆，她们的菜谱对油、盐、酱、醋等调料大多用“少许”

来记录，而小玲做菜则全凭感觉，作料多寡随性而为，完全是“毛估估”（上海方言，大概估算一下的意思）的。每每我把情况解释给同事们听，他们总是嘴巴微张得吃惊不已，显得非常不理解。当然，这也难怪他们如此吃惊，因为我从同事们那儿拿来的西式菜谱，则是从选用几种食材、调料多少盎司、分几个步骤烹饪、需要几分钟，到装在什么样的盘子里食用，都一一标写得清清楚楚。

由此，我不由得想到了美国的连锁餐饮业麦当劳。麦当劳之所以能蓬勃发展走向全球，它的核心基础首先是标准化。例如，一个巨无霸就是一个巨无霸，其分量、烹饪方法、外观以及口味，无论你走进美国甚至全世界的哪一间餐厅，都会得到相同的结果。

其次是与产品质量相关的库存管理。我通过观察发现，每次去麦当劳吃快餐，总有2~3个巨无霸被架在保温板上，有时更少只有一个。如果我点2个以上巨无霸，其中一个是我一面喝可乐或吃薯条的等待过程中即时做的。那么，为何不事先做好1000个巨无霸然后再卖掉呢？这里就有成本库存——“Just In Time”（准时制生产方式）的管理概念了。

试想，储存1000个巨无霸需要冷藏空间及大量附加的资源成本，如果事先就做好大量待销的巨无霸，万一客人点的是乳酪汉堡或鱼柳汉堡，那么多余的巨无霸就将被丢弃，因为肉类食品放太久就不新鲜了。

麦当劳标准化经营方式的成功使我感叹良多，像中国菜系如此多，餐饮文化如此博大精深，央视纪录片《舌尖上的中国》如此热播，却没有像麦当劳这样成功的餐饮企业就实在是很遗憾了。

充满浪漫的cocktail（鸡尾酒）

在北美，每逢周末下班时约几位谈得来的同事或朋友去酒吧，天南地北地边喝边聊，待到微醺时各自回家，这是件非常惬意的事。去酒吧，首选的当然是鸡尾酒了。

有关鸡尾酒的起源有多种传说。较为可信的说法是，1776年纽约有一家酒馆为了招揽顾客，别出心裁地使用鸡毛来装饰酒店。一天，有一位绅士带了朋友前去喝酒，微醺中喊女招待上一杯“鸡尾”酒。女招待机智地倒了一杯混合了几种酒的饮料，为了不使绅士醉倒又略加了些水冲淡了酒精度，并随手摘下一根鸡毛贴在杯边。绅士觉得味道很好，便常来要“鸡尾”酒喝。于是，鸡尾酒便得以传扬。另外一种说法是来自法语coquetier（蛋杯鸡尾酒），这是在19世纪初新奥尔良的一种鸡蛋酒的名称。

然而，鸡尾酒之所以大受欢迎、备受推崇，是源于美国禁酒令时期。那时，私营酒吧内的酒保会在酒里混合其他原料，主要是为了掩盖私酿酒的味道。据记载，最早的鸡尾酒是以干邑为底的sazerac（萨兹拉巴酒），源自19世纪50年代的纽奥良，比禁酒令时期早了70年。

鸡尾酒主要分成两大类：一种是芳香型，一种是酸味型。我比较喜欢酸味型的鸡尾酒，有时晚上家里来客人了，会调制简单的鸡尾酒招待来客。其制作过程可以分三步：以朗姆酒、杜松子酒或威士忌作基底，再加上柠檬或酸橙汁起到缓和淡化基底中烈酒的功能（也可以加糖、鸡蛋、奶油等“平滑剂”，以增加天然风味），最后添加石榴或杏仁糖浆等特殊调味料和着色剂以凸显鸡尾酒的艺术色彩。这种酸味型鸡尾酒的比例，通常为8份基底、2份酸和1份甜（8:2:1）。

如果家里的来客喜欢芳香型的鸡尾酒，只要把第二个步骤中的两份柠檬汁或酸橙汁换成苦味酒或芳香型的葡萄酒（如vermouth，苦艾酒）即可。其实，只要掌握了鸡尾酒的基本成分，便可以按不同的口味进行创新，甚至尝试不同的比例调配出适合自己的配方，趣味无穷。

我想强调一点，制作鸡尾酒一定要选用最优质的烈酒、考究的冰块和鲜榨柠檬。由于鸡尾酒非常强调材质，以至于人们一边喝一边抱怨太贵，如在曼哈顿稍微上档次的酒吧里一杯鸡尾酒起码要13美元。

那么，为什么是13美元呢？

举例来说。如果一瓶750毫升的威士忌成本35.99美元，可以制作46杯鸡尾酒，通常成本是2盎司（重量单位）一杯，酒吧预期的制酒成本为22%，而每盎司售价大约为1.42美元（35.99美元 ÷ 25.4盎司），那么2盎司就是2.84美元（1.42美元 × 2盎司=2.84美元）。因为酒吧寻求的制作成本是要低于22%，在这一前提下的销售价格就是每一杯12.90美元（2.84美元 ÷ 22%），所以大多数酒吧的起价就定为13美元。

因此把普通的酒调成鸡尾酒对客人而言是增加了情趣，而每一款鸡尾酒的创新过程还能编出不同的故事，进而就形成了一种鸡尾酒文化。同时，客人即使多喝了几杯又不易喝醉，酒吧也赚到了更多的利润，可谓皆大欢喜。

北美酒吧里的啤酒会免费吗

我在纽约华尔街投行CSFB（瑞士信贷第一波士顿，属于全球五大财团瑞信的投行部）工作的时候，一天下班后我和同事伊凡约好了去酒吧坐坐。就着几碟开胃菜，我们聊着天，不知不觉中一杯鸡尾酒就下肚了，于是我又要了一罐荷兰牌子的啤酒，刚到微醺时见时候不早便准备结账走人。

我对数字很敏感，账单上来时一眼扫过去发现啤酒比价目表上的标价要高，便随口说了一句："哟，这啤酒涨价了。"

谁知，我不经意的一句话让收账先生马上把我的账单拿了回去，几分钟后走到我跟前表示抱歉，并指着那啤酒说："It's on the House!"意思是，这罐啤酒由酒吧做东，不收我钱了。这下倒弄得我不好意思起来，执意要付账，但收账先生说这是酒吧的规定：当账单上的商品价格和价目表有出入，客人可以免费享用。

说实话，酒吧有这样的经营策略让我感到意外，心里当然挺高兴的。一旁的伊凡见罢耸了耸肩，说："你这是小意思。上次我在英国享受的待遇，那才叫意外的收获。"

原来，夏天放假时，伊凡带着太太和两个女儿前往英国探亲，在多佛（Dover）的La Scala Italian Restaurant（斯卡拉意大利餐厅），他的两个女儿（一个8岁，一个10岁）不肯好好吃饭，于是店主走来对女孩们说："如果你们把盘子里的菜吃完，我给你们冰激凌。"然后，店主笑着对伊凡说："It's on the House!"

主菜吃完了，店主端来两份冰激凌给孩子，两杯卡布奇诺给伊凡，随后又加了一句“It’s on the House!”。

最后，店主上了两杯lemoncellos（一种在意大利很流行的柠檬酒，目前已成为美国、加拿大、英国、澳大利亚和新西兰餐厅甜点菜单上的饮料）给伊凡和太太，又笑着说了一句“It’s on the House!”。

当然，一餐下来从开胃菜、开胃酒、正餐、红酒、奶酪到甜点七七八八加起来并不便宜，但是店主异常大方的馈赠令伊凡一家感到由衷的喜悦。因为对伊凡一家来说，这餐消费尽管价格不菲，可他得到了三份免费的礼物：冰激凌、卡布奇诺和柠檬酒。

然而店家提供的免费商品，用经济学的术语来描述，就是“商品是不稀缺的”。通常来说，社会对免费商品的需求是无极限的，在社会机会成本为零的情况下是越多越好。

其实，零价格提供的商品往往并不是真的免费的。例如，商店可能会用库存的商品进行促销，但生产这些商品仍然需要使用稀缺资源。这包含了生产这种商品的“创意”，因为“创意”成本几乎为零时，可以被拿来进行一遍又一遍的再生产，如有人发明了一种新设备，大家都可以复制这一发明直到这一没有危险的“资源”（创意）用完为止。

因此，在北美的商店里，尤其是大型超市，像我在酒吧遇到的情况一样，只要当账单上的商品价格和货品陈列出的标价有出入，那么顾客就可以对其商品享受免费的待遇。这就是商家极为重视的“信誉”服务。

“老咖”也不知的“公平贸易”咖啡

9月29日是美国的“全国咖啡日”。

中国人到北美生活，不管你愿意不愿意，很自然地会受到西方文化的影响。特别是我这个从十里洋场走出去的穷留学生，初到美国的时候还非常急切地想融入主流社会，就像海绵吸水那样近乎疯狂地吸收着这块土地上的点点滴滴，如这里的咖啡文化。

论起咖啡文化，《每日邮报》（*Daily Mail*）作者菲利浦·诺兰曾经感叹，爱尔兰咖啡文化的流行与传播，主要归功于美国的电视节目，如大家熟悉的电视连续剧《老友记》（*Friends*）。在《老友记》里，有大一半场景取自于咖啡馆，“老友们在曼哈顿的中央公园里，经常人手一杯咖啡”，他们忽而欢欢喜喜相和会，忽而悲悲戚戚闲争气，其充分折射出咖啡文化这种生活方式。

我习惯一天喝两杯咖啡，上班的路上到星巴克买一杯，上午10点在公司喝一杯（之后就喝茶了）。有一天，我发现公司提供的免费咖啡中多了一种印有“Fair trade coffee”（公平贸易咖啡）字样的咖啡，便产生了疑惑和不解。

我知道咖啡豆是全球第二大宗交易商品，交易量仅次于原油，在全球共有四个主要的交易市场，包括纽约期货交易所、大阪关西交易所、新加坡商品交易所和伦敦Euronext（泛欧交易所）。不过，我对“公平贸易”咖啡却不甚了解，而我又自忖自己是“老咖”（上海话，指喝咖啡上瘾之人），怎么能不了解“公平贸易”咖啡呢？于是，我便询问公司的“老咖”麦克。

麦克说，我们手中的每一杯咖啡背后都隐藏着咖啡种植农的血汗故事。美国的咖啡进口价每磅约为0.6～0.7美元，如此低廉的价格把千千万万的咖啡种植园变成了名副其实的“农田中的血汗工厂”。更为不公的是，即使是仅仅这0.7美元，咖啡种植农也不能全部装到自己的口袋里，他们可怜的收入只够勉强度日，甚至无法维持一家人最基本的生活。

例如，泰国是名列世界前20的咖啡豆出产国。在泰国北部山区居住着泰国的阿卡人（the Akhas），他们原本是依靠种植鸦片维持生计，但也只能勉强度日。在20世纪90年代初，泰国王室开始引进新作物替代鸦片种植，而咖啡豆就是其中之一。于是，阿卡人也开始种植咖啡豆，如阿拉比卡咖啡豆。目前，市场上流行的阿卡阿玛（Akha Ama）咖啡是100%的阿拉比卡咖啡（Arabica coffee），苦味和酸度恰到好处，很受北美人喜爱。然而，阿卡人的利润依然很少。

从技术上来讲，咖啡豆被认为是一种新鲜的农产品。但从经济层面来看，咖啡豆又被视为大宗商品，这就意味着买卖的方式和石油一样，买方的目标是尽可能以低价买进，再以高价出售，而咖啡的投资者和炒家，是根据咖啡市场的供求关系来定价的。所以，星巴克一杯普通咖啡可能花费我们2美元，而1千克咖啡豆却只有7美分。

由此可见，这对种植咖啡豆的阿卡人来说也未免太不公平了。但是，阿卡人又有什么办法呢？首先，阿卡人根本就没有选择。每到咖啡豆的收获季节，咖啡豆买家便给出统一的收购价，如果阿卡人对收购价不满意而敢于对买家说“不”，那么阿卡人所冒的风险就等于放弃了出售咖啡豆的机会，当年的收成也会很快烂在泥土里。

其次，大部分阿卡人都没有受过正规教育，缺乏讨价还价的技巧。许多阿卡人甚至都不会说泰语（阿卡语是藏缅语系之一），而且他们也不知道全球的咖啡豆价格，以及搜集到他们种植作物售价的市场信息。他们所知道的，要么是卖掉他们的咖啡豆换来金钱，要么就失去一切。

为此，“公平贸易”咖啡应运而生。《纽约时报》2007年4月下旬将“公平贸易”咖啡的故事刊登在时尚版，并打上了“公平贸易”咖啡这一标签，目的是让消费咖啡的人知道该产品尊重了劳动工人的权利，意味着来自第三世界种植咖啡豆的农民可以获得合理的报酬，旨在刺激农民有更大的意愿从事咖啡豆种植。

今天，麦当劳、沃尔玛和星巴克等企业都自愿多花一倍的价格，跳过中间商直接从咖啡豆种植户那里采购咖啡豆。其中，星巴克是“公平贸易”咖啡的最大买家（该公司在2009年购买了1800万千克的绿色、未焙炒咖啡豆）。所以，希望喜爱喝咖啡的朋友今后多购买标有“公平贸易”标志的咖啡，因为每购买一杯“公平贸易咖啡”可以直接支持发展中国家的贫苦农民。

世界上唯一对外开放的钻石坑公园

钻石坑州立公园在美国阿肯色州西南部，距州政府小石城大约1

小时车程。

钻石坑州立公园开放于1972年，是世界第八大钻石采矿区，也是世界上唯一对公众开放的钻石矿开采公园。美国出土的最大一颗钻石重40.23克拉，就是来自此地。

公园占地15公顷，地下原是9500万年前的一个火山通道。火山爆发时，在热力和压力的作用下，火山熔岩形成了丰富的钻石和橄榄石、石榴石、紫水晶、玛瑙等半宝石资源。

1906年，这块地的所有者，当地的一个农民约翰·哈德逊在这里发现了第一颗钻石，使得美国各地的人争相到这里开采钻石，并造成了恶性循环。于是，阿肯色州政府决定将其买下，并设立为开放公园。

钻石坑州立公园最大的特点是，游客们可以在园内37.5英亩的耕地里随便挖掘、寻找钻石，挖到的钻石都属于游客，不收取任何附加费用，只需要收取进公园的门票费，而公园的门票为成人每人8美元，儿童半价或者免票。同时，找到钻石的游客还可以请工作人员免费鉴定，并出具证书。不过，公园要求游客自带的工具不能安有电池、马达或轮子等用于驱动的部件。如果游客没带工具，公园还提供租售工具的服务。

从1972年公园正式开放以来，已有29 000颗不同品级的各色钻石被游客发现。1975年，一位游客发现了一颗重达16.37克拉的大钻石，是目前为止游客发现的最大钻石。在钻石坑公园，每年被游客挖出的钻石超过600颗，相当于平均每天都有1～2颗钻石被发现。在挖出的这些钻石中，有700多颗钻石超过1克拉。

美国前第一夫人希拉里在丈夫比尔·克林顿总统的就职典礼上戴的那颗钻石——“康·金丝雀”，就是来自钻石坑州立公园。这颗钻石在钻石坑公园的斯坦·康发现，由于其纯洁无瑕，十二面体浑然天成，经常在著名博物馆和珠宝展览会上展出，从而博得希拉里的喜爱。在克林顿总统的两次就职典礼上，希拉里都是借来这颗钻石以彰显自己的美丽。

每年到钻石坑公园“寻宝”的人很多，其中也不乏幸运儿。该公园内曾发现的钻石有白色、棕色、黄色的，还发现了40种不同类型的宝石，如紫水晶、橄榄石和石榴石等。

据美国有线电视新闻网（CNN）2013年8月14日报道，美国当地时间7月31日，一名12岁的美国小男孩迈克·戴拉夫（Michael Dettlaff）在阿肯色州钻石坑公园钻石搜索区域寻得一颗5.16克拉的蜂蜜棕色钻石。根据公园“谁找到归谁”的规则，迈克得到了这颗经切割和抛光后价值为1.2万~1.5万美元的钻石。这是今年在该公园内发现的第12个超过1克拉的钻石，也是自该公园开放以来发现的质量排名第27的钻石。

其实，小迈克跟着家人进入公园后，“寻宝”仅10分钟便找到了犹如蜂蜜般的棕色钻石，颇有“得来全不费功夫”的幸运，因此，迈克给这颗钻石命名为“上帝之荣耀”。假如把“上帝之荣耀”切割成标准的圆形，以最好的角度折射出切割性、对称性和抛光性，如果级别被定为极优（excellent）或优良（very good和good），从58个切割面（或57个切割面，如果底面被排除）最大限度地展现钻石的光源，价值可达1.8万美元。

当然，钻石越干净就越闪耀。假如“上帝之荣耀”的纯净度（clarity）借助10倍放大镜，能达到完美无瑕（FL，极少见）或内无瑕疵（IF，很少），便属于极品中之极品，极具价值；微小瑕疵（VVS1，VVS2）乃至不易看到瑕疵（VS1，VS2）的钻石也属上等货，而市场上稍带瑕疵及小瑕疵（SI1，SI2）的钻石比较多。因“上帝之荣耀”的色泽（Colour）并非透明无色——D（由于“钻石”的英文是Diamond，因此D便代表最好的色泽，往下依次是E，F，G，H，I，J，K，L，M，N），所以即便重达5.16克拉（carat-weight），按钻石“4C”（carat-weight，colour，cut，clarity）的严格评定标准，H之后便逐渐呈现黄色，相比D或E的极致白色，价值则要稍次一些。

尽管如此，小迈克一家还是兴奋异常，毕竟热爱钻石似乎是人类的共性。例如，法国时装设计师雪奈儿就很爱钻石，她认为“钻石以最小的体积，凝聚了最大的价值”。垄断钻石市场价格的戴比尔斯的经典广告，则发扬光大了雪奈儿的观点：“钻石恒久远，一颗永流传”。

但很多时候，我们不得不舍弃曾经的拥有，只因生活多变幻。例如，失业太久而房子即将断供，必须变卖首饰来套现，此时“一颗永留传”的钻石可能会带给您无限的烦恼。

据“福布斯”的调查显示，2011年是出售钻石最好的年景，因为中国和印度经济的崛起，全球钻石价格飙升了19%。假如一颗钻石放在eBay（易趣）网站出售，需支付网站15%的佣金；如果委托经销商出售，则需要支付25%～40%的费用，包括估价费、独立宝石鉴定家的鉴定费和佣金。当然，如果能直接找买家，便可省却不必要的费用，把升值的利润揣进自己的腰包。不过，很遗憾，钻石不像黄金有一个量化的熔体值，转售钻石没有一个客观衡量其价格的标准；而潜在买家也没有理由不买新钻石，非要按市场零售价购买二手货，他们唯一肯接手的理由（前提是真货）是可以讨价还价。

由此可见，尽管钻石市场需求强劲且相当景气，但钻石也并不是想象的那样一定能保值、增值，如果年景不好，更可能有价无市，唯一不变的是在灯光下闪闪发光。既然如此，为何不花最少的钱购买人工培育钻石（synthetic diamonds），以达到相同的效果呢？

人工钻石，世界珠宝联合会将其定义为“本质上与自然钻石有着相同的化学成分、晶体结构和物理性能的自然再现”，除非借助精密仪器，肉眼根本无法判断两者的区别。目前，世界上最大的CVD（chemical vapor deposition）无色钻石，切割后达2.3克拉，外观媲美优质天然钻石。

不管怎样，北美人依旧对钻石情有独钟，钻石坑公园对人们的吸引力依旧很大，每天都会吸引人们从四面八方赶过来“寻宝”，而我们也还是会不时听到找到钻石的幸运儿的好消息。

例如，2014年，一对来自美国得克萨斯州的夫妇，曾幸运地在钻石坑公园挖到一颗重达6.35克拉的钻石。

2015年4月23日，一位名叫苏茜·克拉克（Susie Clark）的女游客又在该公园挖出了3.69克拉水滴形钻石，价值至少在2万美元以上。苏茜是在一块新犁过的地里发现这颗露出地面的钻石的，她将其命名为“感谢上帝”。这是2015年游客发现的第122颗钻石。对此，公园工作人员解释说，过去几周降雨量很大，加之公园管理员对采集区进行了翻整，很多钻石被带到了地表，所以游客很容易就找到钻石了。

2015年夏天，一名来自美国科罗拉多州的女游客鲍比·欧斯卡森与男友蒂顿正驾车在附近的高速公路上，看到路边钻石坑公园的招牌，临时决定到公园走走。他们是中午来到公园的，天气非常炎热，于是他们在公园里找了20分钟之后就在一处树荫下休息，没想到却在这里找到了一颗8.52克拉的大钻石。他们是第一次来这个公园，如此幸运实在是令他们太意外了，而这么大的钻石在公园找到的钻石史上也能排到前五。

现在，这个公园成了人们享受"寻宝"乐趣的一个最著名的旅游景点。

向大众开放的杜邦豪宅长木公园

赴美留学之前，我就知道美国费城有一个长木公园，由20个户外花园和20个占地18 200平方米的室内温室花园组成，并包含11 000种不同类型的植物、树木，以及漂亮的喷泉，每年吸引着近百万人前去参观。因为我太太小玲特别喜欢植物，闲暇时也总是摆弄花花草草，所以我们趁着圣诞假期慕名前往长木公园游历了一番。

长木公园的温室花园是世界上最棒的温室之一，单单种植物就多达5500种。如果把20个室内温室花园都仔细游览走一遍，大约需要1.5小时，而且每一个都有其精美的植物展示给大家，只需看一看花园的名字便可知晓了，有橘园、银都花园、相思通道、兰花楼、棕榈屋、地中海花园、热带阳台等。

特别值得一提的是，长木花园还拥有丰富的免费教育课程，包括两年制的园艺专科和研究生课程，毕业后还可在花园进行实习，为此吸引了成百上千的园艺爱好者前往。

我们去长木公园时正逢圣诞节日期间，花园内美丽明亮的喷泉翩翩起舞，50万盏五光十色的灯把圣诞树装点得华丽而耀眼闪烁，漫步其间犹如置身于灯的海洋。温室花园内则又是另一番天地了，有的园内正举办兰花现场示范课程，有的园内在演出音乐剧。其实，我们能在如此仙境般壮观的地方享受着无比欢快的时光，全都仰仗皮埃尔·塞缪尔·杜邦（Pierre Samuel DuPont）先生。

杜邦先生是个企业家和慈善家，是美国长达两个世纪里最富有的杜邦家族成员，毕业于麻省理工学院。1892年，杜邦先生和他表弟在新泽西州的工厂首创发明了无烟火药。1902年，杜邦先生与两个表弟购买了家族另一个成员的公司——杜邦公司（E.I.DuPont de Nemours and Company），开始经营火药生意。

杜邦先生把现代化管理结构和现代会计政策，以及讲究投资回报的理念运用于第一次世界大战期间的军火交易（由于盟军的弹药合同预付款，公司的成长速度非常快），使公司从此走上了一个漫长而盈利的企业经营之路。

虽然杜邦先生第一桶金发的是“战争财”，但他也经常做慈善，把赚到的钱回馈社会，包括建造和创立特拉华州大学，捐赠数百万资金给特拉华州公立学校，以及更换特拉华州破旧的黑人学校。

杜邦先生留给世人最丰富的遗产则莫过于把自家住宅长木花园

面向社会大众，并投入大笔财产不断系统化园内的喷泉项目。他于1946年3月21日提交遗嘱给特拉华州，创办了长木公园基金公司，把绝大部分遗产作为“维护和改善花园”的费用，并决定“长期向市民开放”。

当然，长木公园不像美国那些国家公园，游玩长木公园不是免费的，其门票还分几个价格：成人16美元，老人15美元，学生4美元，4岁以下孩子免费。虽然16美元的门票价格不便宜，但绝对物有所值。

全球最大的城市中心公园——纽约中央公园

纽约中央公园（Central Park），是世界上最大的城市公共公园，而且是位于曼哈顿的中心。在这块3.41平方公里的土地上，每年到访的游客超过3500万人，也是全美访问量最大的城市公园。

我在纽约生活的时候，几乎每周都会去中央公园，特别是在美银证券工作的那四五年，由于办公室离中央公园仅一街之隔，几乎每天中午都会去散步。由于公园太大，每次只能游玩一小块区域，多年来好像就从未一次性逛完过。公园内有一个饭店很有名，叫“Tavern on the Green”，白先勇先生曾在小说《谪仙记》里提及过，那里是女主人公买醉的地方。一次，我和太太小玲去林肯中心，途经公园也想到里面的酒吧“买一回醉”，没想到居然在饭店门口邂逅了演员冯远征。

我们是从《不要和陌生人说话》中认识冯远征的，非常欣赏他的出色演技。此次，冯远征因演出老舍的话剧《茶馆》来纽约，其在戏里扮演松二爷。我们也早早地订了《茶馆》的票，居然不期而遇冯远征，当然喜出望外。我们向冯远征表达了海外影迷对他的喜欢，他丝毫没有明星的架子，与我们有说有笑合影留念。

其实，在中央公园附近居住着许多富贾名流，如宋美龄、好莱坞大导演伍迪·埃伦、纽约市长彭博等。另外，小约翰·肯尼迪就喜欢在中央公园里溜旱冰，而且他和女友在公园吵架被“狗仔队”偷拍后登上了杂志的封面。（注：顺便提一下，多年前，我和我太太小玲曾在中央公园见过宋美龄女士，那天她坐轮椅，身边还有两个阿姨陪伴。小玲见到她就走了过去，问她是不是蒋夫人。她微笑着用一口地道的英文说“是呀”，并问小玲从哪里来。小玲用上海话回答说“上海”。宋女士听了非常高兴，马上用一口略带浦东口音的上海话跟小玲聊了起来，直到阿姨提醒她要回去了……）

然而，令我没有想到的是，早在中央公园建成之前，那一片土地极不规则。当时，在第五、第八大道的59街和106街之间，这里露出一块岩石，那里又是一片沼泽，中间还穿插着戈壁，居民都是“下里巴人”，包括爱尔兰养猪农和德国园丁，外加非洲移民，总共约1600名贫困居民，极其不易私人开发。

当时，纽约富有的商人和地主（那些捐钱捐地的富豪）钦佩、羡慕伦敦和巴黎的公共公园，声称纽约也需要一个可与之媲美的设施，以确定其国际声誉和地位。于是，在经过长达3年对公园选址和建造成本的争议后，终于在1853年通过州议会授权使用征地权，在曼哈顿的中心地带获得了超过700英亩的土地，这是由美国富人创建的第一个景色优美的城市公园。

现在，中央公园的大小和文化地位，可以与慕尼黑的英国花园（Englischer Garden）、伦敦的海德公园（Hyde Park）、温哥华的斯坦利公园（Stanley Park）相媲美。由于中央公园经常出现在电影和电视剧中，令它成为世界上最有名的城市公园，其景观看似天然，实际上都经过精心营造：

中央公园内有数个人工湖，漫长的步行径，两个滑冰场，一个野生动物保护区，多处大草地供各种体育爱好者使用，以及儿童游乐场。由于能吸引候鸟前来歇息，中央公园也是观鸟的好去处。还有长达10公里的环园道路，深受慢跑者、自行车爱好者以及滚轴溜冰者的喜爱。

根据米勒·塞缪尔（Miller Samuel）物业评估公司的估值，中央公园3.41平方公里的土地，在2005年12月底的地价为528 783 552 000美元。那么，在寸土寸金的曼哈顿，为什么不把中央公园铲平造高楼呢？

其实，正是这个中央公园支撑了纽约曼哈顿特殊的国际地位。

中央公园是由美国富人创建的、第一个景色优美的城市公园，而当年是否有拆迁“钉子户”，拆迁过程如何补偿，有没有发生激烈冲突等已无法考证，但值得一提的是美国的土地资源所有权并不全部归国有。换句话说，如果当时公园征用的土地有某一块是某个地主私有的，给多少补偿就是不转让，那也不能硬拔掉这颗“钉子”。事实上，在西方，我们常常会看到许多新建筑群之间有一两栋低矮的老房子，甚至专门有个弯道巧妙地避开新开辟的大马路，而新建筑的开发商和旧建筑的主人还和睦相处，彼此尊重各自的生存状态。

比衣服还贵的象征地位的男性配饰

多年前，我刚进入美国投行工作时，就发现推销金融产品的同事都是差不多的标准装扮：梳理得顺滑服帖的头发，身着笔挺的西服，“花眼”上不忘插一枚宝石别针，雅致的衬衫袖扣旁一款卡地亚不锈钢手镯表（或罗莱克斯金表）戴在手腕上，脚踏雪亮的皮鞋。他们要用财富的光芒，诱惑对方拜倒在金钱之下。

所谓“花眼”，即西服上装的扣眼，约1厘米长，以粗明线缝在西装左侧的驳领上，非细心是很容易被忽视的。这个扣眼还常常被戏谑为“插花纽”，用来插放小饰物如钻石别针和鲜花等，这类饰物被称作“配饰”。

配饰在一个人的整体装束中起着衬托佩戴者外观的作用，其中最引人注目的形式符号就是时尚。因为时尚的服装加上配饰，极易吸引他人注视的目光，尤其是发型、品牌珠宝、手袋、表和钢笔等，它们都是重要的显示地位象征的“配饰”。事实上，“配饰”这个词早在19世纪便开始使用了。

在英国维多利亚女王统治时期，从女性的时尚配件如扇子、遮阳伞、手套等，便能看出其所属的族裔和阶层。在那个时代，妇女向往的是悠闲富裕的生活方式，因此手套便经常被妇女用来弥补或掩盖劳作的痕迹。

此外，在16世纪初，意大利的平民男性常以帽子、徽章作为装饰，甚至会模仿军事入侵者的帽徽来提高自己的社会地位。之后的几个世纪，男人的“配饰”多半为炫富的金表、金笔和大金链那种老套设计，而现在渐渐被注重仪容的生活品位所替代，花心思在细节上，以凸显个性，紧跟潮流。

男性时尚配饰发展到如今，相比女性配饰，男性配饰的设计要低调得多，线条阳刚，强调男人味。设计师为了打破老套的印象，往往会首选皮革、纯银、玫瑰金和白金，或光可鉴人的镜钢，这些更具时尚感的材质，以适应男性时装比女性沉闷，衣服设计变化不多的缺陷。

在北美，男士在很多场合都必须穿西服。论起西服上的装饰，无论是正装，还是时髦的日常着装，最华丽的点缀不是口袋巾，恰恰是并不起眼的扣眼。

例如，每到星期五，按投行规定大家可以dress down（穿便装）。此时，“配饰”便成为时尚男士的一个重要组成部分，人人都想争奇斗妍，但又不能太过张扬，最好给人留下低调优雅的感觉，像帽子、围巾、皮带、项链、挂件、手镯、戒指、钥匙圈、公文包等，全都显示着主人的品位。假如上装是芝麻色衬衫，佩戴Links of London（创建于1990年的英国高端现代珠宝品牌）的银色项链是不错的选择；或者选戴Cartier Love 18K（卡地亚之爱，法国钟表及珠宝奢侈品牌）玫瑰金钻戒、18K玫瑰金手镯和18K玫瑰金项链，简单中透着优雅；Piaget（伯爵，瑞士钟表奢侈品牌）品牌的白金制造，其白金戒指佩戴项链装饰，阳刚之气十足，而指环更可转动，注重细节的特质尽显其间。

由此可见，男人讲究品位是需要花费金钱和时间去仔细玩味的，而有时“配饰”往往比衣服还昂贵，却为看起来平淡无奇的造型起到了画龙点睛的作用。例如，一款麦凯伦（McLaren）品牌的不锈钢项链，线条干净，简单的长方形挂件上不带任何宝石，售价竟高达700～800美元，加上销售税，就要差不多1000美元。

当然，“有需求，就有供应”，所以纽约每年都举办各种“配饰”展销会。其中，accessories the show（奢侈品牌配饰展）影响比较大，汇集了来自各方品牌设计师的精品。为期3天的展销会中，访问者超过了9.5万人，他们中的63%来自北美，其余的37%来自世界各国，包括时尚品牌的制造商、供应商、零售商，以及多家媒体、“配饰兴趣”团体等，他们平均光顾展厅12分钟，80%的访客做出了业务决策，盛况空前。

由此可见，如果不是特别关注，大家可能难以想象这些看似“毫不起眼”的配饰足以造就一个巨大的奢侈品市场！

北京人在纽约之“东兴楼”的变迁

纽约有一家中餐馆在皇后区的皇后大道上，名叫“东兴楼”。“东兴楼”从星期五下午开始便座无虚席了，如果不事先预订星期六、星期日的座位，那肯定是坐不上台面的。

“东兴楼”在纽约有几十年的历史了，最有名的菜是北京烤鸭。据掌勺的刘师傅介绍，纽约州议员和联邦参议员经常慕名前去品尝。“东兴楼”之所以如此兴旺、生意兴隆，有三件事最为当地的华人津津乐道：

第一件是在20世纪80年代初中国刚开放的时候，北京全聚德烤鸭因技术失传曾派人跨越太平洋前来“东兴楼”取经，做技术和食材的交流；第二件是曾经蜗居在纽约六七年的李安拍摄的第一部成名作《喜宴》，就是在“东兴楼”里取景的；第三件是由姜文和王姬主演的电视剧《北京人在纽约》中但凡中餐馆的场景，都是在“东兴楼”里拍摄的。

我在纽约前后的十六七年里有幸结识了一群好朋友，我们组成了一个俱乐部E-Club，主要就是“吃、喝、玩、乐”。因此，每个月E-Club至少在“东兴楼”聚会两次，十来对夫妇正好两个大台面，逢年过节再带上孩子们起码席开三桌，好不热闹。

我觉得“东兴楼”的北京烤鸭油而不腻，皮脆肉香的火候远在北京全聚德之上，而烤鸭三吃的另外两吃则一是切片剩下的鸭肉炒豆芽，二是鸭骨架子炖酸菜粉丝汤，味道非常鲜美；醉鸡和烤麸颇有上海江浙菜的风味，姜葱炒龙虾只要20美元一大盘，既便宜又新鲜，可谓物美价廉，不能不说是北美人的一大福分。

其实，对于我们这群吃客来说，选择“东兴楼”聚餐，除了八大菜系的名菜几乎都能在那儿品尝外，还有一个特殊的缘由，那就是《北京人在纽约》里扮演王姬儿子的混血小男孩正是E-Club成员老邢的儿子，那可爱、漂亮的形象令人印象深刻，而“东兴楼”的员工都很喜欢他，于是我们也因此跟着沾光，付账的时候不仅能享受八折优惠（比一般常客多打一折），而且还可以自备红酒。

然而，“弹指一挥间”，当年的那个小男孩如今已然玉树临风，几年前已和一位华裔姑娘喜结良缘（颇为遗憾的是，那时我已搬至多伦多，没有赶上他们的喜宴）。

当然，发生变化的还不止这些，就在我打算返回多伦多之前，“东兴楼”也已易主——新东主是台湾人。

真是“一朝天子一朝臣”！新主人把“东兴楼”里里外外重新装修一新，洗手间挂上了新画作，更换了最时尚的玻璃洗手盆。同时，“东兴楼”的菜单也变了，价钱当然也变了，而厨房的人事变化则最大，原先掌勺的刘师傅带走了手下在其正对面自开了一家餐馆，颇有打擂台的意思。

后来，E-Club也去刘师傅的餐馆吃了几次，虽然味道还在，但可能是气场变了，感觉不如老“东兴楼”。新“东兴楼”呢，由于大厨换掉了，菜的味道也和以往不一样了。

看来，经营餐馆菜式不过是元素之一，人是最重要的决定因素。特别是中餐馆，不像快餐具有标准化的经营模式，中餐小而精的菜系特色和大厨的水平决定了餐馆的成与败！

后来，得知“东兴楼”倒闭了，具体原因不得而知，有人说是因为经济危机，有人说是中餐馆竞争太激烈……但不管什么原因，让我们度过无数美好时光的餐馆倒闭了，惆怅之情还是不禁油然而生……

附录

北美生活经济风向标

这些年，中国不断高速变化，北美却几乎没变

中国这20多年来的发展速度，超过之前英国的200年，美国的100年！中国现在是一年一小变，三年一大变，五年变得天翻地覆！美国不像中国，美国是所谓well-developed（发达）国家，三四十年来都没有什么大变化。特别是纽约，有本书叫*Here is New York*（《这里是纽约》）是差不多100年前写的，但现在依然每年再版，因为100年来纽约没什么变化。

我在北美待了近30年，中间也经常回中国，但我每次回国都会发现中国各地都在不断地变化。反观北美，我2008年底离开纽约，两年前又回纽约待了几天，但发现一点儿都没变，还是那样……

有时候金融市场就像乞丐的故事

一天，菜市场上多了一个乞丐，有人给他点钱，但大多数人还是没给，于是他把给他钱的人的住址都记了下来。结果，过了几个小时，他坐在一辆宾利车里去挨家挨户还钱，而且是10倍数地还，给他1美元的他还10美元，给他5美元的他还50美元，市场的人都

惊呆了。

第二天，他又来了，满市场的人都给他钱，几乎都是一二百美元，甚至五百、上千美元，而钱的背面都写着住址。不到一个小时，他拿到了十七八万美元。

然后，那乞丐消失了，再也没有回来。

北美的房子若遇上爆炸保险公司会赔吗

北美房屋保险一般明文规定“免保范围”：（1）天灾人祸，如战争、恐怖袭击、房子旁边的工厂仓库突然爆炸把房子炸烂了，不赔；（2）自残不赔；（3）居民自住楼的财产保险不包括房子里面任何商用物件，如电脑、软件、手机、照相机、打印机、传真机之类，也都不赔。

企业长寿的基因是什么

美国大企业平均寿命40年，中小企业平均寿命8年，而中国这个数据分别为7年和2.5年。在全球企业中，寿命超过100年的企业，日本有2.1万家，只有200多年历史的美国有1100家，而中国仅有10余家；成立超过1000年历史的企业，日本有7家。企业长寿基因是：坚守本业，优化品质，关注营销。

为何欧美员工最怕星期二

在欧美，所谓“termination Tuesday”（炒鱿星期二），是指老板一般会在周一下达裁员令，HR（人事部门）则会在第二天也就是星期二将解雇信（termination slip）发放到员工手上。如果星期二这一天平安度过，则意味着员工可以放松后半个星期，并能多领一周的薪水养家糊口了。

将在未来5年迎来史上最大留学归国潮

据《扬子晚报》2015年11月15日的一则消息称，来自长三角经济圈“两翼”战略位置的江苏省一项最新统计数据显示，江苏省留学回国人员总量已经突破8万人。报道援引该省人事厅发布的这项数据显示，海归回国在最近3年的年增长率平均幅度已经超过20%，“史上最大归国潮”已经出现。

经济学人智库全球宜居城市

2015年8月18日，经济学人智库（Economist Intelligence Unit，EIU）最新的全球最宜居城市排行榜出炉，澳大利亚墨尔本连续第五年登上榜首，亚军为奥地利维也纳。加拿大则成为本次宜居城市排名的大赢家，温哥华、多伦多和卡尔加里分别位列第三、第四、第五名。

宜居城市多伦多再次夺冠

2015年8月出版的美国《大都会杂志》（*Metropolis Magazine*）

报道，一个国际城市规划专家组将多伦多评为全球最适宜居住的城市。由丹麦建筑大师葛尔、联合国世界旅游组织秘书长瑞菲等专家组成的评判组拟定的这份“最适合居住、工作和玩乐”排行榜，多伦多高居榜首，第二位是日本东京，第三位是芬兰赫尔辛基，第四至第十一位依次为丹麦哥本哈根、中国香港、美国印第安纳波利斯、哥伦比亚麦德林、澳大利亚墨尔本、美国匹兹堡、荷兰鹿特丹、新加坡。

美国人家中藏现金

据《今日美国》（*USA Today*）报道，25%的美国人没有存款，而存款不够3个月日常生活开销的人占40%。另外，根据美国联邦存款保险公司2014年的调查，没有银行账户的家庭接近8%。由于存款不足，不少美国人不愿将钱存在银行，免得每月被收取服务费。因此，美国人不得不将暂时不用的钱放在家中或其他地方。

外国买主把加拿大家庭赶出房市

2015年8月，加拿大首相哈珀在温哥华一个集会上说：“现在有一种实实在在的担忧，即不是永久居民的外国人炒房是一些加拿大家庭负担不起房价的原因。如果这些不是永久居民的外国买主人为拉高房价，而加拿大家庭被排挤出市场，这是一个我们能够处理而且应该处理的问题。”

多伦多、温哥华房价至少需要下调40%

2015年8月，加拿大道明银行对加拿大的房价进行了分析，指出若以“房价与民众收入比”之长期数据来看，目前加拿大两大城市多伦多和温哥华房价走势比民众收入高出40%，即若以20世纪90年代以来的历史资料来看，多伦多、温哥华两地房价需要至少下调40%才能将比率拉回与长期走势相一致。

全球股市大跌

2015年8月21日，周五，全球股市全线大跌。其中，美国道琼斯指数和标普500指数下跌近3.2%，纳斯达克指数大跌超过3.5%；加拿大以及欧洲各股市至少下跌2%；中国上海证券综合指数大跌4.27%！全球股市动荡已走在效仿1987年和2001年崩盘的路上，将可能下跌更多。由于全球经济一体化——地球村，全球股市将非常可能复制1929年美股大崩盘的危险。

黄金死猫反弹

金融市场总是你方唱罢我登场：楼市→股市→金市→汇市→来个骗局，如比特币→大宗商品等不断循环反复，不断忽悠大众进入。2015年8月，全球楼市降温、股市大跌、大宗商品大跌、比特币消停、货币疲软，通缩将至（其实已经进入通缩了）。这时，金价死猫反弹，又开始忽悠大众了。

金本位崩溃原因

在历史上，金本位制通行了100年都不到。其崩溃的主要原因是：黄金生产量的增长幅度远远低于商品生产增长的幅度，黄金不能满足日益扩大的商品流通需要；黄金存量在各国的分配不平衡。黄金存量大部分为少数强国所掌握，必然导致金币的自由铸造和自由流通受到破坏，削弱了其他国家金币流通的基础。

实现“美国梦”的16个财经标志

最近几年，“中国梦”渐渐崛起，而“美国梦”依然激励着全世界心怀梦想的年轻人。不过，随着时代变迁，“美国梦”的标准并非一成不变，而且不同的人对“美国梦”有着不同的理解。近日，根据美国个人预算公司You Need A Budget和市场研究公司One Poll对2万名美国人所做的调查，总结出了30多个实现“美国梦”的财经标准，从能交得起Netflix网站的账单，到能在Whole Foods超市里购物，再到有一栋二手房。下面特转载其中16个大多数人认为的“美国梦”的标杆，看看他们是怎么从财经角度定义“美国梦”的：

1.拥有价值100万美元以上的房子

2016年7月，美国住房拥有率达几十年来新低，拥有房产的人口比例低于63%。根据房地产评估服务网站Zillow的调查，即使有房产的人也不知道自己房产的价值。如果有一栋价值七位数的房产才意味着你实现了“美国梦”，那估计很多人还在做梦中吧。

2.支票账户里有7425美元的存款

理财网站Sophia Bera表示，支票账户上最起码要有一个月净收入的存款，而且支票账户和储蓄账户最好要存在不同的银行里。

3. 每年最少在国外度假2次

美国人非常爱旅行，大部分受访者都表示每年2次境外出游是实现“美国梦”的象征。据一项调查显示，在年收入达到10万美元以上的人群里，81%的人会寻求更深层次且更具个性化的出境游，甚至有73%的人为了得到一次独特的旅行体验而超出预算。所以，每年2次境外出游是实现“美国梦”的象征之一。

4. 拥有一辆价值至少3.8万美元的汽车

买车和租车有很大的不同，而目前的趋势是很多美国人更愿意去买豪华车。近年来，油价不贵，车的价格也随之走低，与买房相比，这个“美国梦”更容易实现。

5. 家庭年收入达18.5万美元

接受调查的美国人认为，家庭年收入达18.5万美元可算作实现“美国梦”的标准之一。根据美国人口普查报告显示，这一数额是全美家庭收入中位数（56 516美元）的3倍。

6. 储蓄账户中有3.5万美元的应急存款

理财师建议，储蓄账户中的存款数额最起码应该能覆盖6个月的开销。当然，这个数额也因收入而异，但如果你的月开销为5800美元，那么3.5万美元就基本上够了。

7. 拥有一套度假屋

当然，并不一定非要是百万富翁才能拥有两套房产。你只需要付出更多的时间、精力和钱来维护房屋就可以实现，但你需要付双倍的税、双倍的保险，并支付工人双倍的修剪草坪的钱。

8.不必担心账户里的余额

很多人认为，不必担心账户里的余额也是实现“美国梦”的标准。畅销书*The Automatic Millionaire*（《自成百万富翁》）的作者大卫·巴赫（David Bach）曾支了一招，即每天存1小时的时薪到银行账户。假如你的时薪为25美元，那么每天存25美元，到年底你最起码是能攒下应急储蓄的。

9.在周末可以旅行

根据调查，能在周末抛下繁忙的工作花钱去旅行、住宿、娱乐，也可以看作是实现“美国梦”的一个标准。

10.无债一身轻

债务分很多种，但信用卡和消费类债务几乎可以毁掉你的信用评分，并影响你今后购买保险和买房。理财师建议你想一下，为什么你会有这么多债务？是一次性消费了这么多，还是紧急的医疗花销抑或是你的生活方式？

11.能购买最新的小玩意儿

畅销书作家大卫·巴赫（David Bach）称，有研究显示，几乎半数美国人拿不出400元的应急储蓄，然而有数以百万计的人可以随手买一杯星巴克咖啡，并计划明年花800~1000美元买一个新iPhone。

意思是，在不动用储蓄存款的情况下，如能支付眼下的小笔开支和贵重的花销，就可以被视作是一个实现“美国梦”的标志之一。

12.有钱雇用清扫工

可以雇用别人干家务活或照看家中成员，因为有时自己没时间做，但在需要的时候可以随时雇人来完成。所以，有钱雇用清扫工也被视作实现“美国梦”的标准之一，更被看作是成功人士的标志之一。

13. 请朋友吃饭

尽管你更希望和朋友在外面吃饭是AA制，但偶尔请朋友吃一次饭，则被看成是经济稳定的标志。

14. 能把孩子送进私立学校读书

据私立学校评估网站Privat School Review的数据，美国私立小学平均每年的学费为8522美元，私立高中为平均每年12 953美元。

15. 乘飞机能坐头等舱

乘飞机能坐头等舱，通常是地位的象征。不论你是曾经坐过头等舱，还是经常坐头等舱，这都算是一个可以参考的实现“美国梦”的标志之一。

16. 能在Whole Foods购物

Whole Foods超市的价位要比Kroger、Wegmans和Safeway等普通大超市的价位贵15%，比Trader Joe’s或Sprouts Farmers Market这样的超市贵19%。

当然，每个人对“美国梦”给出的标准不尽相同，以上的标准也仅供参考而已。